很多网民称自己为"草根"，那网络就是现在的一个"草野"。网民来自老百姓，老百姓上了网，民意也就上了网。群众在哪儿，我们的领导干部就要到哪儿去，不然怎么联系群众呢？各级党政机关和领导干部要学会通过网络走群众路线……

——习近平总书记在全国网信办主任会议上的讲话

黄河之鸣

——甘肃网评文集·2017年卷

中共甘肃省委网络安全和信息化领导小组办公室 编

兰州大学出版社
LANZHOU UNIVERSITY PRESS

图书在版编目（ＣＩＰ）数据

黄河之鸣：甘肃网评文集. 2017年卷 / 中共甘肃省
委网络安全和信息化领导小组办公室编. -- 兰州：兰州
大学出版社，2018.7
ISBN 978-7-311-05352-9

Ⅰ．①黄… Ⅱ．①中… Ⅲ．①社会科学－文集 Ⅳ.
①C53

中国版本图书馆CIP数据核字(2018)第119175号

策划编辑　宋　婷
责任编辑　李江霖
封面设计　郇　海

书　　名　黄河之鸣——甘肃网评文集·2017年卷
作　　者　中共甘肃省委网络安全和信息化领导小组办公室　编
出版发行　兰州大学出版社　（地址:兰州市天水南路222号　730000）
电　　话　0931-8912613(总编办公室)　0931-8617156(营销中心)
　　　　　　0931-8914298(读者服务部)
网　　址　http://press.lzu.edu.cn
电子信箱　press@lzu.edu.cn
印　　刷　兰州人民印刷厂
开　　本　710 mm×1020 mm　1/16
印　　张　16
字　　数　220千
版　　次　2018年7月第1版
印　　次　2018年7月第1次印刷
书　　号　ISBN 978-7-311-05352-9
定　　价　36.00元

（图书若有破损、缺页、掉页可随时与本社联系）

序　言

　　《黄河之鸣——甘肃网评文集·2017年卷》以纸质方式出版了，这是现代传播方式与传统阅读习惯的一次完美的结合，是媒体融合发展的一种"反其道而行之"的尝试。其实，这种方式正好能够满足习惯于纸上阅读的一大批读者"上网"的需要，还有一个好处就是以传统的方式保存网络的记忆，使人们以不同的方式保存更多的文化成果。本书的出版组织者约我作序，我既感到十分荣幸，也多多少少有点为难。因为，范鹏作为网络评论员已经是十年前的事情了，相对于现在活跃在甘肃网络大舞台上的这些新时代陇上网络优秀评论员来说，我已经明显落伍了。好在我一直关注着甘肃的网络评论，目前仍然是一个网络评论的读者。基于这种情况，我还是没有拒绝梁和平主任交给我的任务。

　　本书精心选录了甘肃省各行业、各领域网民在2017年发表的优秀评论文章一百余篇，全书贯彻落实习近平新时代中国特色社会主义思想和党的十九大精神，紧紧围绕甘肃省第十三次党代会精神，对脱贫攻坚、"一带一路"、生态文明建设、全面从严治党、社会问题、民生热点、西部创客节、敦煌文博会等涉及甘肃省2017年政治、经济、文化、社会、生态等领域的重点工作，展开了系统深入的评述。全书政治意识强，理论分析深，导向作用好。从写作的角度看，结构紧凑、主题鲜明、立场坚定、观念新颖，论述谨严、语言鲜活，具有一定的说服力和可读性。

本书由中共甘肃省委网络安全和信息化领导小组办公室组织编写。作为中共甘肃省委网络安全和信息化领导小组常设机构，这个办公室还加挂甘肃省互联网信息办公室的牌子，负责统筹协调涉及本省经济、政治、文化、社会等各个领域的网络安全和信息化重大问题，推动网络安全和信息化建设工作。本书一方面是网络信息工作2017年一个部分的成就检阅，另一方面也是甘肃人民在以习近平同志为核心的党中央英明领导下，认真学习全面贯彻落实习近平新时代中国特色社会主义思想和党的十九大精神，贯彻落实习近平总书记视察甘肃重要讲话和"八个着力"指示精神，全面推进甘肃各项事业稳步发展的生动写照。

本书的最大特点是短小精悍、网络语言、大众表达、生动鲜活、直指人心。书中的文章不仅在网络发表之时以及时、深刻和具有重要的引领作用而受到各方面肯定，就是事后以"回放"的方式编辑起来，同样具有令人深受启发、再次引发思考、激活"历史"记忆、匡正人心的良好效果。比如，《网上网下画出干部和群众的"同心圆"》一文认真学习领会了习近平同志2016年4月19日在网络安全和信息化工作座谈会上的重要讲话，重温"为了实现我们的目标，网上网下要形成同心圆"的教诲，从"中国梦归根结底是人民的梦"切入，写道："中华民族自古以来是最讲究团结的民族。中国共产党也是最讲究团结的政党，从革命时期到建设新中国时期，再到改革开放时期，中国共产党始终把人民的利益放在最高位置，尊重人民、敬畏人民、依靠人民，实现了党内团结和民族团结两个最大力量的有机结合，迸发出了中华儿女对中国梦的执着精神和卓越探索。"评论引用习近平总书记的论述"如果一个社会没有共同理想，没有共同目标，没有共同价值观，整天乱哄哄的，那就什么事也办不成"，为共同把这个同心圆画得精、画得准、画得圆做了独到的论证。

本书选录的大量评论切中广大人民群众最关心的热门话题、重大舆情和日常生活主题，语言平实，不回避矛盾，不掩饰问题，以正确的观点讲道理、以生动的事例说故事、以严密的逻辑做论证，既有理论文章的文气，也有网络杂文的勇气，十分接地气。我建议，无论是已经在网络上读过这些评论的，还是第一次看到的读者，都耐心读一下，一定会收获不小。通过阅读这些评论，我们可以感受到甘肃网络天空净化的成就，一起为甘肃发展助力，为百姓幸福写作。作为一个与网络结缘已久、喜欢网络写作和阅读的老网民，我真诚地期望甘肃网络大军的力量不断壮大、水平日益提升、思想更加犀利、文风彰显个性，为占领网上马克思主义思想阵地继续勤奋写作，永立时代潮头。

　　是为序。

2018年3月

目 录

大安全思维下的我们

王怡璇

大安全时代，你安全了吗？

大安全时代，我的国安全了吗？

先温习习近平总书记近日在国家安全工作座谈会上怎么说的：当前和今后一个时期要突出抓好政治安全、经济安全、国土安全、社会安全、网络安全等各方面安全工作。

这是一种"总体国家安全观"，是一种"大安全时代的国家安全大思路"。这种思路"既重视传统安全，又重视非传统安全"，构建起的安全范围却并非只有这五个方面。梳理习总书记的讲话，我们发现安全范围有政治安全、国土安全、军事安全、经济安全、文化安全、社会安全、科技安全、信息安全、生态安全、资源安全、核安全，以及人民安全和国民安全等，这些安全都必然是国家安全体系不可分割的构成要素，而且是最重要的构成要素。

因此，在概括总体国家安全观时，必须把习总书记前面重点讲过的人民安全、国民安全等概括到"总体国家安全观"之中，它们共同构建起一体化的国家安全体系。

正如有关专家指出的那样，"总体国家安全观"不仅体现了唯物辩证法的全面性思维、整体性思维，而且还体现出马克思主义哲学当代发展的新成果——系统性思维。

当代国家的最根本问题无非是两个：一个是发展问题，一个是安全问题。时至今日，我国经济建设和发展成就世界瞩目，在此基础上安全问题便越发地重要起来。正如习总书记关于"发展是安全的基础，安全是发展的条件"的论述，就很好地诠释了安全与发展之间的辩证关系。

习总书记曾高度地概括："当前我国国家安全内涵和外延比历史上任何时候都要丰富，时空领域比历史上任何时候都要宽广，内外因素比历史上任何时候都要复杂。"习总书记提出的总体安全观回应的正是当下错综复杂的各类安全挑战。

我们也欣喜地看到，不论国际形势如何变幻，党和政府始终高度保持战略定力、战略自信、战略耐心，以全球思维谋篇布局，统筹发展和安全，把维护国家安全的战略主动权牢牢掌握在自己手中。

这些国家层面的顶层设计和安排与我们每一个生活在这片土地上的人息息相关。国家完善立体化社会治安防控体系，提高社会治理整体水平，注意从源头上排查化解矛盾纠纷，给我们每一个人实现自身安全提供了重要保障。

生态安全直接决定着我们的生活质量。有的地方生态保护和建设任务与投入不足的矛盾突出，有的地方局部地区生态环境恶化趋势尚未得到有效遏制，有的地方大气、水、土壤污染防治任务仍然艰巨。兰州曾经污染严重，省上和市上为此付出了艰辛的努力，从"卫星看不到的城市"到"兰州蓝"，兰州市一举荣获巴黎气候大会"今日变革进步奖"。今天，治污的成果让兰州人幸福了很多。

网络安全与我们生活质量的关系更加密切。当前，随着新技术新应用的普及，各行各业数据化、在线化、远程化趋势明显，个人信息泄露问题愈发突出。利用网络非法采集、窃取、贩卖个人信息，已经形成了黑色产业链，由此引发的网上诈骗、勒索等违法犯罪活动已经严重危害人民生命财产安全。这些问题在我省也有不同程度的反映。

境外对我们安全的威胁也在我们身边发生，电信诈骗不就是跨境甚至跨国了吗？

安全问题还有很多，每人每天都有可能遇到。吃饭，就有食品安全问题；出行，就有交通安全问题；娱乐，就有场所安全问题。这不仅需要我们自身头脑清醒，有辨别能力，更需要国家层面"总体国家安全观"的顶层设计。

让脱贫攻坚的"陇南样本"走向全国

李 强

在全国"两会"召开前夕，由中央网信办、国务院扶贫办联合开展的"迎接党的十九大"系列网络主题活动之"脱贫攻坚看甘肃"活动启动仪式在陇南举行。来自全国及省内25家网络媒体代表汇聚陇南，共同见证脱贫攻坚工程在陇南的生动实践。

本次网络主题活动基于着重突出地域的重点性、代表性和典型性，选择了6个省份。选择的理由基于以下两点：一是扶贫攻坚人数多、难度大、任务重；二是精准脱贫变化大、效果好。

陇南的典型性，可用八个字概括：山大沟深，交通不便。面对脱贫和同步小康的双重任务、赶超跨越和转型发展的双重压力、快速发展和协调发展的双重挑战。借助于互联网的广泛普及和农村电子商务的大力发展，陇南这个贫困面大、贫困程度深、人口多、扶贫难度大的扶贫重点地区呈现出另一番景象。

山大沟深、交通不便的陇南闯入了互联网世界。不仅丰富的农特产品卖上了好价钱，青山绿水也成了金字招牌，带动了旅游经济。陇南脱贫攻坚工作鲜活的故事很多，亮点很多。如率先建成了陇南市大数据政务中心、推进政务大数据汇集共享和跨界应用，探索出了片区扶贫、产业扶贫、电商扶贫、金融扶贫、旅游扶贫，精准扶贫等六大扶贫品牌，被国务院扶贫办确定为全国首个电商扶贫示范市，荣获"2015中国消除贫困创新奖"和"全国电商扶贫示范市"。因此，说陇南是甘肃甚至全国脱贫攻坚的一个样本并不为过。

"脱贫攻坚看甘肃"活动为在全国更大范围展示甘肃扶贫攻坚工作成果、推广脱贫攻坚的"陇南样本"提供了一次极好的机会。统计显示，五年来，全省1.4万个单位40.8万名干部，打起背包、深入农村，行进在帮扶脱贫的道路上，以58个集中连片贫困县、8790个贫困村为重点，体察民情、了解诉求、宣讲政策、出谋划策，为加快贫困农村发展、推进贫困农户致富出主意、想办法、尽力量。

营造群众放心舒心的消费环境

卞广春

2017年3月5日上午，国务院总理李克强在政府工作报告中指出，"适应消费需求变化，完善政策措施，改善消费环境。一要加快发展服务消费。……二要增加高品质产品消费。……三要整顿和规范市场秩序。严肃查处假冒伪劣、虚假广告、价格欺诈等行为，加强消费者权益保护，让群众花钱消费少烦心、多舒心。"

我国市民的消费购买力是不容置疑的，但在如何吸引公众消费、满足公众消费需求，如何创新消费产品，通过吸引公众消费，实现增强内需的目的等方面做文章，让广大群众消费得舒心开心，却不是一件容易的事。

让消费者有值得花钱的地方，还要让消费者敢于花钱，不怕花钱。消费者怕花钱、不敢花钱，说明我们的消费环境还有不完美，消费立法或消费执法还做得不够到位。营造群众放心的消费环境，就是要严厉打击假冒伪劣、虚假广告、价格欺诈等行为，严厉查处侵犯消费者权益的事件，从严处罚、依法顶格处罚侵犯消费者权益、破坏消费情绪的经营者。引导和鼓励依法经营，促进和扩大消费，使依法经营、合规经营者获得更多的收益，形成优胜劣汰的经营格局。

让群众花钱消费少烦心、多舒心，还应对可能出现的侵害消费者权益的问题，加强事前预防，完善事中监测，加强事后补救。与严肃查处相比，事前预防、事中监测、事后补救，是消费环境建设，是集立法、宣传、执法、处罚、维权等于一体的综合性事务。要从不良事件中汲取教训，将坏事变成好事，让群众敢消费，需要执法部门和涉事机构勇于面对现实，客观、公正、及时地应对舆情。

总之，净化和优化消费环境，加强消费者权益保护，让群众花钱消费少烦心、多舒心，需要创新管理、严肃管理，也需要有关部门及时介入、严肃查处。

甘肃的"看老乡"关键取决于"强县域"

李　强

2017年3月5日下午，全国人大代表、省委副书记、省长林铎在参加审议政府工作报告时指出，要努力在培育壮大县域经济上取得突破，培育一批带动县域经济发展的龙头企业和特色产业集群。

小康不小康，关键看老乡。对甘肃而言，"看老乡"关键取决于"强县域"。脱贫攻坚靠的是产业支撑，正所谓产业兴农富民，产业支撑内生动力，而县域经济所要撬动的恰恰是产业发展，县域经济中特别重要的，就是大力发展特色富民产业。

从甘肃的现状来看，全省86个县（市、区）中，有58个连片特困县，17个插花型贫困县，县域经济发展长期薄弱，亟须破题。从脱贫攻坚的现实需要看，精准扶贫、精准脱贫，产业扶贫至关重要。没有产业作为支撑，贫困户脱贫增收就成了"无源之水"。只有县域经济起来了，扶贫才有实力支撑，脱了贫的群众才能够在整体上继续增收而不至于一遇到某种情况就轻易返贫。

由此可见，对于甘肃来说，打赢脱贫攻坚战，加快转型升级，实现全面小康，基础在县域，难点在县域，潜力在县域。正如林铎省长此前分析并且强调的那样，必须进一步增强发展县域经济的紧迫感，把发展县域经济作为富民强县的重要支撑，作为发挥区域优势的基层平台，作为促进协调发展的关键路径，着力在壮大县域经济上取得突破。

对于培育壮大县域经济的安排部署，全省上下已经达成越来越广泛的共识。在这次全国两会上，甘肃省出席全国两会的代表委员热议脱贫攻坚，围绕县域经济、产业发展、精准脱贫提出了很好的意见和建议。代表委员们认为，贫困地区要注重培育富民产业，增强脱贫内生动力。要防止产业规划出现"千村一面、千户一面"，不可忽略产能过剩隐患和后端销路问题，避免在"最后一公里"影响精准扶贫的整体效果。

有共识，有安排，关键还要有行动。千亿贷款助推产业扶贫——甘肃省实施产业扶贫专项贷款工程，计划用5年时间，安排1000亿元专项贷款，用于构建全省农村富民产业体系，保障农民持续稳定增收。乡村旅游扶贫工程行动——每年集中扶持100个旅游扶贫试点村，力争通过发展乡村旅游带动全省58个连片特困县、17个插花型贫困县的1196个建档立卡贫困村、11.45万贫困户、46.4万贫困人口实现脱贫。事实上，细细探寻和聆听，还有很多关于发展产业、壮大县域的大招和强音。

政府工作报告中提出，支持社会力量参与扶贫，要加强集中连片特困地区、革命老区开发，改善基础设施和公共服务……同时，今年再减少农村贫困人口1000万以上，今年中央财政专项扶贫资金增长30%以上。中央制定的一系列脱贫攻坚的好政策，更为甘肃着力壮大县域经济，大力发展特色富民产业，走实走稳走好产业扶贫之路，增添了巨大的动力和信心。

回望过去，甘肃县域经济稍显滞后；展望未来，甘肃县域经济必然呈现精彩蝶变。有志者事竟成，功夫不负有人。

农业供给侧改革：乡村回得去的"金钥匙"

李　强

对于甘肃来说，农村发展是很大的短板。在补短板方面，代表委员建议要加大农业供给侧改革力度。全国政协委员、甘肃省农科院副院长马忠明认为，农业供给侧改革重点要推进三大调整：突出"优"字，调优产品结构；突出"绿"字，调好生产方式；突出"新"字，调顺产业体系。主要目标是增加农民收入，保障有效供给。

事实上，近几年来关于"回不去乡村"的讨论一直没有停歇，每到中秋、春节等重大节日，民间舆论场总汇聚着感慨万千的表达。但在大陇客看来，好多地方回不去，病根还在于贫穷落后的面貌没有发生根本性好转，回去种地没有产出没有效益，就业没有着落，生活没有保障，"回"的不是一条坦途，而是一条看不到尽头的弯路，试问会有多少人愿意选择回去？殊不知，选择死守一座本不属于自己的城市，其实也是一种被逼的无奈。正如网友笑言：如果一个个乡村变成华西村，看回不回得去？

"中国要强，农业必须强；中国要美，农村必须美；中国要富，农民必须富。"说到底，农业供给侧改革就是要解决"三农"强美富的问题。而"三农"的强美富问题一旦破解，"回不去的乡村"就随之变成"回得去的乡村"。由此可见，农业供给侧改革正可破解"回不去"这一社会现实难题。

农业供给侧改革连续两年写进中央一号文件，重要性不言而喻。而甘肃在此前的先行先试中也初步尝到甜头，不仅让产品结构优、产业体系新、生产方式绿，还连续五年实现每年减贫一百万人的目标。但具体到甘肃的现状，尤其是脱贫攻坚任务的艰巨性，更加凸显推进农业供给侧结构性改革的重要性和紧迫性，因此，全省各级还要进一步深化认识，拿出"敢教日月换新天"的气概，鼓起"不破楼兰终不还"的劲头，以农业供给侧结构性改革为抓手，千方百计增加农民收入、推进持续脱贫，奋力实现"三农"的"强美富"。

放眼全国，不少地方在农业供给侧改革方面已探索出诸多有效路径。比如"互联网＋"助推农业供给侧改革，甘肃陇南更是跑在全国前头。陇南市探索实践的电商扶贫模式，不仅有效解决了偏远山区交通不便、特色农产品销售难问题，而且带动了当地特色产业发展，延伸了产业链，促进了特色农产品种植、储藏、加工、包装、物流一体化发展。又比如"旅游+农业"，全国已有不少地方在尝试，并且成功案例也很多。此路径充分证明，农业供给侧结构性改革，不仅仅是向市场提供优质的鲜活农产品，农村优美的环境、新鲜的空气、舒缓的生活节奏、厚重的传统民俗文化等，都可以作为向市场提供的产品，这类产品同样能够满足广大消费者的需求，带动百姓增收致富。因此，各地就要充分总结当地成功经验，紧密结合各自的实际，探索行之有效的农业供给侧改革路径。

随着人们生活的改善和生活方式的多样化，要让更多的人记得住乡愁，体验过去传统的生活，回味山清水秀的农家生活。对甘肃各地而言，要实现这个目标，就要用好农业供给侧改革这把"金钥匙"，用"强美富"吸引人、留住人。

军民融合：军工大省更要"融"出加速度

李 强

　　"军民融合"是全国两会的热词之一。政府工作报告多处内容涉及军民融合发展，比如，强调要深化混合所有制改革，在电力、石油、天然气、铁路、民航、电信、军工等领域迈出实质性步伐。比如，坚持权利平等、机会平等、规则平等，进一步放宽非公有制经济市场准入，凡法律法规未明确禁入的行业和领域，都要允许各类市场主体平等进入。

　　事实上，党的十八大以来，习近平总书记高度重视军民融合，对军民融合思想和工作思路做出了一系列重要论述。有人将2017年称为军民融合的落实之年，可以说恰如其分。今年初，中央军民融合发展委员会成立，为军民融合建立起了强有力的领导机构，也为下一步开展具体工作提供了制度保障。再加上这次两会所释放出的一系列信号，不但预示着对顶层设计更加重视，更预示着"民参军"的门槛将会更低，机会将更多。这对于军民融合深度发展来说无疑是好消息。

　　甘肃是一个军工企业大省，也是一个战略要地，军事资源非常丰富，优势得天独厚。特别是国家战略的引领、政策的支持，这些都要求军工大省必须有大作为大建树，从而一举跑出军民融合加速度。从甘肃发展的现实需求来看，抢抓"一带一路"倡议的机遇，加快推进供给侧改革，坚决打好打赢脱贫攻坚战，所有这一切也都倒逼着我省必须高度重视军民融合发展。

好在全省上下已经达成共识，比如在这次全国两会上，代表委员在讨论中普遍认识到军民融合对甘肃发展的意义所在，同时也普遍认为加快军民融合发展，甘肃大有可为。另外，甘肃围绕军民融合发展的推进已经提前布局，不但制定了军民融合线路图，而且结合甘肃战略地位、融合发展重点领域、主攻方向和特点规律等内容，还形成了极具操作性的规划——《甘肃省"十三五"军民融合发展规划》。不管是正在做的，还是即将要进行的，可以印证的是，未来几年，我省在规划打造丝绸之路经济带甘肃黄金段、经贸物流和产业合作的战略平台等项目中，都将充分吸纳国防建设需求，实现军民融合常态推进、深度发展。

任何工作都有检视的标准。军工大省能否跑出军民融合加速度，取决于军民融合最终"融"出了什么，比如是否融出了供给侧结构性改革，融出了生产力大解放，融出了发展的速度和效益。让人欣喜的是，如今的陇原大地，正在加快形成多领域、全方位、高效益的军民融合发展格局：融合发展引导资金列入财政预算，用于支持军民融合技术创新等活动；大力推进军民两用技术的科研创新，建立高等学校、科研院所与国防科技机构的协作机制，组织重大科研项目联合攻关，用新技术成果支持驻军部队的强军实践，等等。抢抓机遇，用活政策，积极而为，如果再以问题为导向，认真研究问题，最大限度地解决问题，军民融合的加速度还会远吗？

火了《三生三世》 冷了《大秦帝国》

——讲好故事比故事更重要

卢 巧

以前，电视剧走武侠路线，出一部火一部；现在，电视剧走起仙侠奇幻路线，脑洞大开。从《仙剑奇侠传》《花千骨》到《三生三世十里桃花》，再者盗墓系列，也都是一路地火过来。而从前民众关注的一些剧种却开始备受冷落，如历史正剧，当初《康熙王朝》《雍正王朝》因其制作精良，曾经风靡一时。近期推出的《大秦帝国》系列电视剧，虽然有高科技和大投资，在制作上比起从前更胜一筹，同样是立足历史，十分考究，也有演技派的著名戏骨如宁静等大明星加盟，但是一投入市场，就好像石沉大海，没了个声响。

为什么如此讲究的高质量正剧却敌不了那些网红小说改编剧了？这不是枉费了一心想做出文艺好作品的人的一番心血吗？难道搞文艺只需要迎合大众，请一些当红小鲜肉、买下当红大IP版权就可以了？

以《三生三世十里桃花》这部电视剧为例，其实它的成功有两个主要因素。第一，当然是很懂得商业运作，谁红就请谁来演主角，现在很多电视电影都来这一套，杨幂人火话题多，动不动上话题热搜榜，她做女主角再合适不过了，但是我们也发现其实男主角赵又廷并不是当红小鲜肉，他火起来倒是凭借细腻的演技，他从前在香港演电影，演技磨炼得不错。所以有热火的明星也要有过硬的演技派，这样既顾及商业因素也顾及到了剧的质量。

第二，以小说为基础的三生三世剧本有创新，也很充实。这部小说虽然涉嫌抄袭，但内容十分有意思，让人耳目一新。那它新在哪里呢？从前，这类电视剧都是讲仙魔两派斗来斗去，现在却很接地气，讲起了一位神仙界的大龄女青年青丘白浅上神谈了十几万年的恋爱，这样一位独立自主的女神的情路坎坷史，也让当下剩女们心生共鸣。原来仙侠题材也可以如此家长里短地与现实生活挂钩，所以追剧的人自然就多了。

所以文艺与时代接轨，或者说接地气更为重要。《大秦帝国》非常不错，尤其在弹幕网B站上拥趸者众。但是阳春白雪不可避免地面临曲高和寡的局面，文艺工作者们也陷入这样的困惑，究竟是固守原来的那番清高，还是被逼无奈向商业化模式低头？难道两者不能调和？

事实上并非如此，我们有五千年的文明历史，不缺故事，缺的是会讲故事的人。从前电视剧电影资源太少，所以观众就不挑不拣，现在资源极大丰富，观众口味早就被养刁了，如果把正剧做成电视剧《琅琊榜》这样，故事说得好，就不愁没有受众。

我们需要把历史素材进行灵活演绎，而非一板一眼地搬运，好剧可以让我们从中看到我们自己，看到眼前的现实，引发情感共鸣。所以，不论时代如何多变，万变不离其宗，有价值的内容始终是第一位的，学会讲故事，这样才能对内容的传播形成极大的推动。

相比《三生三世十里桃花》，《大秦帝国》系列历史正剧似乎跟老百姓柴米油盐酱醋茶的日子还是有些距离，权谋斗争的故事有时候会给我们好不容易空闲下来的时光增加几分沉重。

《三生三世十里桃花》这些热播电视剧的红火，给我们带来一些文艺启示，那就是，能够讲好故事比有故事更重要，不要被冗长的历史束缚住腿脚，大步往前走，走进百姓的生活里，高大上的正剧也要让老百姓收获贴近生活的启示，这样才是最好的。

请给"小黄车"们多一些宽容和呵护

作为时下最新、最潮流的出行方式，共享单车在全国各大城市风靡一时。近日，这股最潮"共享风"也刮到了地处西北高原的兰州市。一夜之间，在兰州市的大街小巷，处处可见崭新的"小黄车""小绿车"的靓丽身影。共享单车登陆兰州，迅速成了一种现象级的产品。色彩艳丽、车身纤巧的共享单车，在给兰州市民提供绿色出行方便的同时，也成为人们茶余饭后的一个热议话题。

据媒体报道，作为全球第一个提供无桩共享单车出行解决方案的公司——ofo共享单车，首批1万辆"小黄车"已经在兰州市安宁区投放完毕，该公司还将陆续投放10万辆单车，逐步覆盖整个兰州地区。

酷骑公司也推出了共享单车"小绿车"。首批在兰州市主城区正式投放1万辆单车，后续将根据用户的使用和反馈情况，加大"小绿车"的投放力度和覆盖范围。

租用程序简便、使用后随时停放、租用费用低廉，成为共享单车的显著特点。作为共享经济的一种新尝试，共享单车掀起了一种时尚的"绿色出行"方式，不仅为解决城市大众出行的"最后一公里"提供了便捷，而且也给人们健身休闲带来新的体验，受到广大市民特别是学生、工薪阶层等年轻人的追捧。

但是，"小黄车""小绿车"在带给人们诸多便利的同时，也带来了诸多问题。这些问题在北京、上海、杭州等共享单车起步较早的城市日渐显现，主要体现在有的租户将共享单车随意停放、拦路占道，给行人造成不便；有的单车刹车存在问题，给租户造成人身伤害；有的单车遭到人为恶意损坏、偷盗、藏匿、丢弃，给单车公司造成了损失；甚至还有不法分子篡改单车的二维码，骗取租户押金等。

"小黄车""小绿车"的诸多"乱象"引发社会各界议论。甚至有专家提出"共享单车企业在未经审批之前就设点布车，零成本占用人行道停放车辆经营，其性质与设在道路上的小摊小贩没有本质差异，已明显违反城市管理的法律法规"，建议有关职能部门"要强力介入整治，甚至取缔"。

为此，大陇客认为，在兰州这样一个东西地形狭长、交通拥堵的城市，对于具有普遍公益特性、能够给广大普通老百姓带来方便和实惠的"小黄车""小绿车"，政府管理部门不但不应该"强力整治甚至取缔"，反而要多一些宽容和呵护，出台切实管用的优惠政策，大力引进更多公司，扩大单车投放规模，合理设置单车停放场地，鼓励广大市民骑单车出行，用共享单车的环保底色，为来之不易的"兰州蓝"加上一抹亮色，为舒缓由于地铁修建、城市改造等带来的交通拥堵探寻一条新的出路。总之，在政府职能部门、单车管理企业、单车投资方、广大市民各方共同努力下，把共享单车这株幼苗培养成一棵参天大树，让更多普通老百姓能够乘上"共享经济"的"凉"。

大陇客认为，这样做有三个方面好处。一是政府可以节省大量的财政资金。比起以前单纯靠政府投资投放、维护运营的单车服务，用好靠市场众筹所得资金投放的单车，仅仅从财政投资的角度来说，也可省下一大笔财政投入。二是普通老百姓得到实惠。鼓励、规范单车公司竞争发展，不仅可以为城市增加出行工具，而且方便了市民低廉出行。共享单车每半小时3毛钱的出行成本，对于绝大多数工薪阶层来说，相比其他出行方式，其实惠性不言而喻。三是有利于营造良好的政企互动环境。

在当下经济发展步入新常态的大环境下，任何一个接纳和拥抱新事物的城市，政府以开放的心态、宽容的胸怀、容许试错的政策对待创新，将给资本市场、投资企业留下深刻印象，给当地投资环境加分，从而促进和带动当地招商引资工作。这一点，对于像兰州这样的西部欠发达城市尤为重要。

新模式融入原有的社会规则，矛盾和碰撞向来不可避免。快速增长的"小黄车""小绿车"们，一开始出现的"乱象丛生"以及它们由巨额资本催生出来"野蛮生长"的"原罪"，对市民公共道德品质自我提升的推动，都将是一场考验。但是大陇客始终坚持认为，社会各界要给予这个新兴事物以足够的宽容和呵护，最终实现政府、市民、企业、投资人四方共赢的结局。诚如交通部部长李小鹏2017年2月在国务院新闻办新闻发布会上表示，"共享单车是城市慢行系统的一种模式创新，实际上也是'互联网+交通运输'的一种实现方式。由于它对于解决人民群众出行'最后一公里'的问题特别见效，所以它一出现就受到了人民群众的热烈欢迎，很多人都尝试这种新的方式。我想我们应该是积极鼓励和支持"。

在传统节日里追寻文化的乡愁

杨　恒

清明，在二十四节气里，应该算是最写意的名字了。河边柳条吐新芽，陇头桃花渐芬芳，"物至此时，皆以齐洁而清明矣"。

清明，不仅仅是农人关注的节气，更是传统的节日。这样的双重身份，让清明蕴含了更多的文化意义。

清明前后，点瓜种豆。农人们吆牛扶犁，大地开始了新的忙碌。目不识丁的老农也会屈指计算，准确地按照天时，播种收获。荀子说："农夫朴力而寡能，则上不失天时，下不失地利，中得人和，而百事不废。"顺应节气就是不违天时，这正是古代农业文明体现出的伟大科学精神。

二十四节气，已被正式列入联合国教科文组织人类非物质文化遗产名录，还被国际气象界誉为"中国的第五大发明"。《淮南子》二十四节气和今天的名称完全一样，公元前104年颁布的《太初历》第一次把二十四节气写进正式的历法，并且准确标出了各个节气的天文位置。节气，不仅仅是一种时间的刻度，更是一种精神的维度。

"梨花风起正清明，游子寻春半出城。"清明，从节气转化为节日，踏青、荡秋千、蹴鞠、打马球等娱乐体育活动变成一种节日的仪式，引领人们走向田野，健康的颜色自然而然溶入生命之中。"桥边杨柳垂青线，林立秋千挂彩绳"，当青春的身影在秋千架上如燕子一般穿梭，快乐的笑声越过围墙，多情的诗人独立苍茫，一直联想到天涯芳草。清明是诗意的，动感和活力在节日里点燃，万物回到青春。这应该是节气"清明"二字永恒如新的意义。

清明节融合了另外两个重要的节日——上巳节和寒食节。上巳踏青，"三月三日天气新，长安水边多丽人"；寒食扫墓，"风雨梨花寒食过，几家坟上子孙来？"一喜一悲，喜中有悲，悲中有喜，悲喜交集中，为清明时节打下双重的感情基调。大自然在枯与荣的转化中万象更新，家族、民族的精神在追忆和缅怀中得以继承和发扬。节日有它相对固定的内涵和意义。节日历经世代的丰富和沉淀，文化味道更加浓郁。

清明作为天时、农时、人时，凝结着中华民族的共同记忆。即使你忘记"农历"，在这一天，也同样会将自己的日历更新为古老的历法；即使是远离乡土，在这一天，也同样会将寄托、思念传递给逝去的亲人。缅怀先人，就是面向未来。青草弥漫大地，不是简单的周而复始，而是生命的另一种升华，同样，坟头添土，不是简单的礼仪，而是家族精神的传承复活。

节日是浓缩的民族记忆。每逢佳节，身回家乡，神游千古。不废江河万古流，为有源头活水来，在传统的节日里一遍遍追寻文化的乡愁，强化民族对于悠久历史文化的眷恋。

"微信扫墓"，未尝不可

谢伟峰

　　扫墓祭祀，一直是清明节的传统习俗。最近一则关于"微信扫墓"的新闻报道，引起民间关注。

　　报道称，近年来，随着社会人口流动的加快和新技术的发展，催生了"代客扫墓"。而今年，清明祭祀又搭上了"互联网＋"的快车，出现了"微信扫墓"。对于这个新生事物，网友们的立场针锋相对。据调查，超四成的被调查者支持"微信扫墓"，认为其为那些不能返乡的人提供了一种情感表达途径；而仍有近四成的被调查者认为，"微信扫墓"没有仪式感，并不能表达对逝者的哀思和尊重。

　　"微信扫墓"民间意见的分野，充分证明此处存在新旧观念的交锋。清明节是最能代表中国农耕文化的传统节日之一，扫墓活动中的破土、修葺、植树等，无不是泥土气息浓厚的动作，且因此为标准，延续千年而不断。但现在，这一系列的传统节日仪式都被"微信扫墓"给颠覆了，被"远程遥控"取代了，这种新兴玩意，着实让老一辈人不待见。

　　但这种新兴事物也有现实需求的一面。现今，经济活动带来的人才大流动，使"好男儿志在四方"成为必然，但它不可避免地使亲情天各一方，回家享受天伦之乐往往成为可望而不可即的奢望，由此导致的情绪落差，常常在春节、清明节、中秋节等传统节日中被放大，成为民间意见争锋的焦点。

"微信扫墓"就是其中的焦点之一，它解决了子孙后代在祭祀祖先这个问题上"身不能至"的问题，却缺失了富有传统价值内涵的仪式感。甚至有人还提出，"微信扫墓"有解构和异化清明节内涵的嫌疑。

其实，"微信扫墓"可以尝试。子孙后代诚心已至，这是清明节祭祀祖先的最核心要素。而"微信扫墓"还有资源集中利用的特性，对交通资源、墓地资源以及祭祀用品资源等，都能从多个方面进行有效分配，从而让人们得到更多的选择权。事实上，"微信扫墓"绝非微信抢红包、微信阅览公众号文章那么简单，它需要信息沟通、洽谈商议以及成本支出等诸多环节，绝非一蹴而就。对于尝试"微信扫墓"的人群而言，使用这种新工具来替代原有的流程、模式，心里也未必没有失落。但在没有更好的方法出现之前，"微信扫墓"至少能寄出自己的一份敬畏和缅怀。

"微信扫墓"现在还是新鲜事物，将来或将成为清明节的一道互联网风景。

互联网为甘肃注入脱贫攻坚新动力

张楠之

2016年4月19日，习近平总书记在网络安全和信息化工作座谈会上发表重要讲话，深刻阐明了网络安全和信息化在维护国家安全和发展利益中的战略地位，为推进网络强国建设指明了努力方向，同时也给各地方利用互联网开展工作提供了根本遵循。甘肃在过去这一年中，认真学习领会"4·19"讲话精神，在实际工作中努力结合自身工作特点，通过互联网为甘肃工作重点的脱贫攻坚领域打开了生动局面。

"可以发挥互联网在助推脱贫攻坚中的作用，推进精准扶贫、精准脱贫，让更多困难群众用上互联网，让农产品通过互联网走出乡村。"习近平总书记在"4·19"讲话中，清晰扼要地点出了互联网在脱贫攻坚中的关键作用，也给甘肃在该领域工作中赋予了"方法论"。甘肃之所以要和贫困展开"攻坚战"，在于地理禀赋的先天不足，自身在经济发展的腾挪空间相对而言较小，因此，就需要开辟"第二战场"，修缮出一条通往更大天地的"栈道"。

积极鼓励和支持群众开网店，动员全民参与电商扶贫事业，发动和培育一批贫困群众做电商……甘肃把互联网红利进行自下而上的动员和派发，旨在让越来越多的贫苦群众因此而受益。如今，包括陇南绿茶、核桃、苹果，武都花椒等各具特色的农产品，都通过互联网打破了山大沟深、交通不便、信息闭塞的天然屏障，突解了农产品销售难的问题，完成了产品价值的最大化。互联网为甘肃的脱贫攻坚提供了渠道效应，增加了从培育品牌到提升经济效益、从扩大销售到助农增收的多重正向循环。而根据报道得知，甘肃文县下属的范坝镇关子村，就利用"互联网+茶叶"的方式让农民脱贫致富，今年仅茶叶一项就要增收100多万元。

互联网在脱贫攻坚中的作用明显，但对于甘肃而言，如何提前做好"信息化和工业化深度融合这篇大文章"，搭建好信息通达的互联网，让贫困群众有网可用，并让其成为本省脱贫攻坚的真正"基建硬件"，考验改革者的破题能力。习近平总书记在"4·19"讲话中，就着重强调"要加大投入力度，加快农村互联网建设步伐，扩大光纤网、宽带网在农村的有效覆盖"。顶层设计者对于农村互联网建设的点题，是甘肃在脱贫攻坚过程中的"必做功课"，并在"最后一公里"层面得到最大执行。以甘肃陇南为例，当地实施了"宽带进村流量补助工程"，对试点贫困村上网流量进行补贴；累计投资5.9亿元加快乡村网络建设，实现了全市城区和乡镇4G网络全覆盖、试点贫困村宽带网络全覆盖……网络通了，产品有了走出去的"康庄大道"，脱贫攻坚就不再有"肠梗阻"，而由此衍生出来的各类物流企业、快递服务站、村邮站，都以围绕着互联网这个最大同心圆，画出了脱贫攻坚的前行弧度。

习近平总书记在"4·19"讲话中指出："我国经济发展进入新常态，新常态要有新动力，互联网在这方面可以大有作为。"互联网为甘肃脱贫攻坚注入了传统模式之外的新动力。而这种新动力，也给甘肃脱贫攻坚提供了新思维，譬如，为了破解电商人才短缺的难题，陇南市筹建了西北首家电商职业技术学院，累计培训17万人次。这和习近平总书记要求的"互联网主要是年轻人的事业，要不拘一格降人才。要解放思想，慧眼识才，爱才惜才"有了同频共振。互联网给甘肃脱贫攻坚带来了新动力、新思维，也期待它"百尺竿头，更进一步"，打开甘肃脱贫攻坚更多新局面。

网上网下画出干部和群众的"同心圆"

李丁乔

一年前的今天即 2016 年 4 月 19 日，习近平总书记在网络安全和信息化工作座谈会上指出，为了实现我们的目标，网上网下要形成同心圆。

那么，什么是"同心圆"？习近平总书记的回答是：就是在党的领导下，动员全国各族人民，调动各方面积极性，共同为实现中华民族伟大复兴的中国梦而奋斗。

中国梦归根结底，是人民的梦。中华民族自古以来是最讲究团结的民族。中国共产党也是最讲究团结的政党，从革命时期到建设新中国时期，再到改革开放时期，中国共产党始终把人民的利益放在最高位置，尊重人民、敬畏人民、依靠人民，实现了党内团结和民族团结这两个最大力量的有机结合，迸发出了中华儿女对中国梦的执着精神和卓越探索。

中国梦是人类发展史上的伟大工程和奋斗目标，中国力量、中国精神、中国智慧一度成为国际学习借鉴中国路径的精髓。中国共产党作为世界上最大的执政党，之所以能够团结一切可以团结的力量，最大的原因在于，我们国家的党员干部能够把实现自身价值与实现群众价值共同纳入一个同心圆，这个同心圆就是我们为之坚持不懈奋斗的共同目标，就是我们共同维护的最大利益。

团结就是力量，团结就能克服一切困难。习近平总书记谈道："如果一个社会没有共同理想，没有共同目标，没有共同价值观，整天乱哄哄的，那就什么事也办不成。"2008年世界金融危机爆发以来，很多西方发达的资本主义国家依然处于经济复苏的疲软阶段，很多改革创新举措推行起来到处碰壁受阻，导致一些国家和地区甚至陷入濒临破产的尴尬境地。而中国，在中国共产党的坚强领导下，每一项改革都能一以贯之地落到实处、见到实效，进而对全球的经济发展做出巨大贡献。

"知屋漏者在宇下，知政失者在草野。"习近平把网络比喻成"草野"，从而说明了网民意见的重要性。现实中，很多改革创新都是源于网民的献计献策和极力推动。在网络空间里，老百姓不仅能够表达诉求、愿望，还能参与建言献策。每年的"两会"前，各大媒体都会推出"网友建言"专题，反腐倡廉、医疗改革、社会保障、就业创业等连续成为热点，网络已然成为当前党员干部践行群众路线的重要平台。

新时期，虽然工作方法产生了根本性变化，但是中国共产党为民服务的宗旨观念是永久不变的，因此，群众在哪儿，我们的领导干部就要到哪儿去。对有建设性的意见纳入改革举措，对有诉求的意见及时解答、解决、解释，对污染网络净土的坚决清理，认真对待每一个网民、每一条意见，才能把这个同心圆画得精、画得准、画得圆，才能凝聚起最广泛的力量。

合力守护祁连山的"最安静"

李 强

2016年底以来，祁连山生态之忧成为长期以"生态和发展并重"为施政重点的甘肃张掖难以回避的尴尬。尤其是今年以来，祁连山保护区连续被曝出存在无休止探矿采矿、截流发电、过度放牧、旅游开发项目未批先建等"生态遭破坏"的现象，引发社会普遍关注。如今，经过4个多月历史上最大规模的生态治理，祁连山已进入"最安静"的时期——矿山探采全部关停，水电设施规范运行，核心区、缓冲区已无任何经营性项目。

不可否认，面对这份来之不易的治理成绩单，每一个心忧祁连山生态的人终于长舒了一口气。但眉头舒展过后，也不禁担心关停的矿山探采会不会报复性反弹，在核心区、缓冲区消失的那些经营性项目会不会重新杀回来，其他问题又会不会卷土重来。如何合力守护祁连山的"最安静"，显然已成为当务之急。

必须在争取政策及资金支持上下功夫

我们知道，祁连山生态保护是一项惠及甘青两省、对我国生态气候全局具有重大影响的系统工程，需要巨大投入，这项工作不是甘肃一省所能胜任的。因此，相关各方应积极行动起来，推动生态屏障保护试验区建设，真正让祁连山生态保护工作功在当代、利在千秋。

必须在巩固和扩大治理效果上下功夫

诸多乱象的治理表明，治理上的忽紧忽松，忽严忽宽，必然导致问题的时好时坏。目前的祁连山虽然"最安静"，但这并不代表永远"最安静"。如果缺少机制护航，缺少一以贯之的严格监管，到手的"安静"也会消失殆尽，一切又将回到从前。因此，各相关方面必须切实提高政治站位，把祁连山生态环境保护、修复和整治作为重大的政治任务，坚持一严到底，一抓到底，千方百计巩固和扩大治理效果。

必须在进一步统一思想认识上下功夫

祁连山生态遭破坏与一些人认识不到位有莫大关系。一些人对祁连山的重要性和对生态保护的重要性缺乏深刻认识，在利益的诱惑下置生态于全然不顾，担负监管之责的相关方面也没有牢牢绷紧生态安全这根弦，以至于监管缺位、疲软无力。因此，要通过有力的宣传，让更多的人自觉将维护生态环境作为发展的"不悔选择"，心往一处想，劲往一处使，共同做好修复祁连山生态环境这篇文章。

祁连山的生态治理，沿线各市都使出了"洪荒之力"。但如何守护好这份来之不易的"最安静"，离不开对"生态优先，保护第一"发展理念的坚守，离不开各方的合力而为，更离不开制度设计的长久保障。唯有如此，祁连山的"最安静"才能一直延续下去。

撸起袖子拔穷根

王怡璇

近期，我们在好多贫困村跑了一下，感觉变化巨大，发展成就骄人。官方2016年度通报语言还算平实：作为头等大事和"一号工程"的脱贫攻坚取得了显著成绩。村民自己的语言抑制不住激动：赶上了好时代，做梦都想不到的"福利"来得太多、太快。

这里先不表各级党委政府为打赢脱贫攻坚战所付出的努力与辛苦。今年是全面建成小康社会的关键之年，压力之大、任务之艰，相信各级党委政府心中有数。未到庆功时，切勿稍懈怠！不仅如此，有些问题更需要认真梳理，做到头脑始终清醒、行动始终如一，这才是百姓乐见的。

想富就得拔穷根。穷根不能狭义地定义在贫困户身上，我们要从更宏大一点的视角上认识穷根，再撸起袖子来拔掉它，歼灭之。

穷根之一：思想上的穷根

精准扶贫必须思想先行，且要越到冲刺时，越要敢直面。扶贫工作是输血更是造血，让人可喜的是广大贫困户在扶贫中因为有了一技之能而走上了富裕路，但不容否认的是，有些贫困户反而因为扶贫政策"太好"，当起了懒汉，不想"功名马上取"，而是一味伸手要。不拔掉他们思想上的穷根，他们就无力自主地过上好日子，更可怕的是，不劳而获的思想可以影响人，再带动一批人向他们学习，那就麻烦了。

思想上的穷根还存在于一些党委政府中。有些地方也患上了"懒汉意识"，不注重创新和探索，而是简单伸手向上要政策，向下要报表。现在，扶贫就是"你有，我有，大家有"的平均主义少了，但从大水漫灌到精准施策的顶层设计上想法并不多。甚至有些地方认为"扶贫成功就好，不行就政策兜底脱贫"，推责之状呼之欲出。这些都反映了有些干部不正确的扶贫观，其中形式主义、官僚主义是"懒汉意识"的集中体现。

人生如屋，信仰如柱。没有了柱子的屋子会塌，没有了攒劲脱贫奔富精气神的贫困户和扶贫干部呢？在冲刺小康的进程中，各级党委政府、各级领导干部、每个贫困户更要重视"精神脱贫"问题。

穷根之二：机制上的穷根

贫困看起来是一家一户的，但背后却有着千丝万缕的联系。要想斩断穷根，就不能孤立地来帮扶，而是要创新工作机制，由点到面，一扶一大批。所谓精准发力，其宗旨要义也就在于此。

实行脱贫攻坚战以来，各行各业都在想办法，务实效，各自的扶贫点上都烙下了该行业鲜明的印记，可谓有亮点有特色，但也要避免出现乡村间不均衡的毛病，使得教育帮扶的学校办得好，交通帮扶的路修得好，农业帮扶的庄稼种得好，医疗帮扶的看病方便了……一个地方要有一个地方的统筹协调，要想得长远些，让措施落实得更扎实些，让机制充分发挥出"牛鼻子"牵头抓总的作用。

甘肃东西狭长，地形地貌多样，发展也不平衡，因此因地制宜发展县域经济，发展一村一品就成了扶贫工作的选项。在这方面，应该说全省上下凝心聚力、攻坚克难，取得了明显成效，但仍存在县域经济发展缓慢、基础设施和公共服务滞后、基层基础工作薄弱等问题。说到底，也是机制方面的问题。要做到"两不愁、三保障"，圆满完成针对贫困县、贫困村、贫困人口的38项脱贫验收指标，还有不少"硬骨头"要"啃"。在此背景下，创新机制抓紧补齐脱贫攻坚的突出短板，着力增强贫困群众稳定脱贫能力显得尤为重要。

今年的省政府工作报告更是直截了当地指出了这一问题：县域经济发展滞后，主导产业发展层次不高，龙头企业带动作用不强；县域基础设施和公共服务薄弱，园区配套设施不完善，金融、科技、人才等要素保障不足；县级财政收入增长乏力，收支矛盾突出，支撑县域经济发展的体制机制还有待进一步完善，县域经济发展急需破题。

这说明县域经济发展问题已经引起省上的高度重视，结合"全面小康实现程度低，脱贫攻坚补短板任务重"来破题县域经济发展，势在必行。

穷根之三：能力上的穷根

思想和机制问题解决了，就要看工作能力了。事实上，这方面的"穷根"在个别地方还有各种形式的表现：一些单位、部门事无巨细，动辄下发文书、表格，形式繁多，实质雷同；各种表格雪片般飞向基层驻村扶贫干部，造成填表比办实事还重要的状况；有的不顾实际乱发指令瞎指挥，"为精准而精准"，让基层扶贫干部不堪其扰，不断遭群众吐槽……

能力上的问题要多培训，让干部找到为民脱贫致富的方法。基层干部要多向政策学，多向同行学，多向群众学，要学有所用，造福人民。

总之，扶贫开发，成败在于精准施策，更在于精准挖出穷根。有穷根不可怕，共产党人最讲认真两字，只要有较真的精神，就能对症下药，撸起袖子拔出穷根，为决胜全面建成小康社会打下坚实的基础。

融入"一带一路"是
甘肃不可错过的历史机遇

黄　帅

　　"一带一路"倡议为甘肃的发展提供了千载难逢的历史机遇。这既有切实的历史地理环境依据，也有现实发展的需要。

　　从地缘上看，甘肃地处欧亚大陆桥的核心通道，地形狭长，东联陕西、通中原腹地，西接天山南北、直达中亚西亚，南与青藏高原毗邻，北与蒙古高原接壤，是古丝绸之路的咽喉要道，是华夏文明与域外文明交流融合之地，也是中国与欧亚各国陆路经贸往来、文化交流、交通运输的必经之道，在促进中外交流与发展方面具有举足轻重的作用，战略地位和区位优势明显。

　　今日，甘肃及其河西走廊依然是交通要塞，经由中西亚通往荷兰鹿特丹的欧亚跨国大铁路，就从这里经过，国家通往新疆的重要的陆路交通也必经过甘肃，这就赋予了甘肃非常重要也颇为独特的战略地位。

　　2014年5月，甘肃正式印发的《"丝绸之路经济带"甘肃段建设总体方案》提出，要建设"丝绸之路经济带"甘肃黄金段，构建兰州新区、敦煌国际文化旅游名城和"中国丝绸之路博览会"三大战略平台。重点推进道路互联互通、经贸技术交流、产业对接合作、经济新增长极、人文交流合作、战略平台建设等六大工程。

　　甘肃的发展也在随着"一带一路"倡议的落实而飞速前进。交通和商贸的发展取得重要成果，设立了武威保税物流中心和兰州新区综合保税区，开通了多趟国际货运班列，兰州中川机场和敦煌机场航空口岸正式开放，"一带一路"上的重要区域、物流中心已初见雏形。

在经贸合作上，目前已经开展了甘肃特色商品走中亚系列经贸活动，已先后组织240多家企业到国外洽谈合作，不少企业在当地落户生根。第22届兰州投资贸易洽谈会的主题就是"共建一带一路，推进互利共赢"，沿线32个国家派出代表团参会参展，同甘肃签订了一批重大投资和贸易项目，这将为甘肃进一步巩固和扩大对外经贸合作奠定更为坚实的基础。

文化合作是"一带一路"带给甘肃的另一个重大机遇。目前，甘肃已与沿线地区缔结友好省州25对、友好城市27对，有近1200名中西亚国家的学生来甘肃交流学习。甘肃的经典舞剧《丝路花语》《大梦敦煌》等先后赴21个国家演出，有力地促进了沿线人民对中国、对甘肃的了解和认知。

承接历史的荣光与当代的机遇，在挑战中寻求发展，在发展中挖掘新的历史契机，融入"一带一路"倡议中的甘肃，将会迎来更大的发展潜力。

让敦煌讲述"一带一路"中国新故事

谢伟峰

2017年5月13日晚，"一带一路"国际合作高峰论坛开幕式的关键时刻，一场名为《海上—天上—心上·丝绸之路》的音乐会开始了，甘肃敦煌千年之前的乐谱，演奏出了时尚的音符，让所有人对"一带一路"和甘肃文化有了更加直观的感受。

古丝绸之路上，漫天狂沙，一队驼铃，用脚步丈量行程的商贾旅人，留下的一切，都以文化的方式凝固，千年之后的今人从"飞天"精美的壁画和汗牛充栋的藏书里，小心谨慎地复原祖先的生活方式。凝固的历史，凝固的时间，经"一带一路"重新互联互通之后，重新焕发生机，帮助我们看穿历史的迷雾，展望遥远的未来。

以敦煌为代表的甘肃文化，借助"一带一路"的历史契机，华丽转身，重焕生机。一则，保护甘肃文化的传统元素。林铎省长在年初"两会"上所做的《政府工作报告》中，文物和非遗成为重点，擦亮了甘肃文化的名片，继续留住历史，发掘它们的价值。二则，为甘肃文化注入新鲜血液。对比日出而作、日落而息的农耕社会，瞬息万变的信息时代有着完全不同的生活方式，如果一味恪守传统，不打破陈规，甘肃文化就会式微。因此，甘肃采用了现代化的方式，让文化资源大省继续成为中国故事的重要组成部分。譬如，利用数字技术复原敦煌莫高窟，除了能更好地保护壁画外，还可以把原汁原味的敦煌带给全世界的民众，现在敦煌已经走遍美利坚、俄罗斯、奥地利等国，甚至人在家中坐就能敦煌游。三则，甘肃"洋为中用"拓展文化创意。譬如，与美英等国合作研究如何更好地保护壁画。譬如，允许荷兰等国专家学者，来敦煌进行学术研究，这意味着甘肃文化有了国际范儿，敦煌学正在发扬光大。

如果说，历史上不同民族、不同文化、不同宗教造就了瑰丽多姿的甘肃文化，那么，随着"一带一路"倡议逐步对接沿线各国的发展规划，新丝绸之路，将比之前更加繁忙，传统和现代、中国与海外将擦出更多的火花，必然创造出新的文化。作为华夏文明传承创新区，甘肃天时地利人和都有了，也会再一次破茧成蝶，为博大精深、包容自信的华夏文明注入甘肃特质。

2016年召开的敦煌文博会，是甘肃文化的牛刀小试。俄罗斯医生组团到甘肃学习传统医学，这说明甘肃文化正在重返世界舞台，吸引着越来越多的现代"马可波罗"。"一带一路"犹如奔驰的高铁，将载着甘肃文化，再一次走出国门、走向未来。

"一带一路"峰会开幕了，甘肃文化的美丽蜕变开始了。

甘肃中医药在"一带一路"刮起健康中国风

李　强

　　2017年5月14日至15日,"一带一路"国际合作高峰论坛在北京举行,习近平主席出席高峰论坛开幕式并发表了主旨演讲。中国顶层设计者在"一带一路"里的谋篇布局,引发全球关注,观察者们也从习近平主席的演讲词中,找到了契合产业发展的关键词。这其中,习近平主席"开展健康丝绸之路建设""100个'康复助医'项目"的指示,让人们相信健康产业将在"一带一路"产生累累硕果。

　　与此同时,国家卫生计生委副主任、国家中医药管理局局长王国强出席"一带一路"国际合作高峰论坛开幕式及高级别全体会议,并在"增进民心相通"平行主题会议上发言,介绍了中医药"一带一路"建设工作进展以及下一步为服务"一带一路"将着重推动的重点工作。这无疑是中医药产业的重大利好,对于早已走俏"一带一路"的甘肃中医药而言,这也将是自身产业更进一步发展的历史契机。

　　"一带一路"给甘肃中医药带来"轻推一掌"的背后,是国家战略的重大布局。国务院办公厅发布的《关于印发中医药健康服务发展规划(2015—2020年)的通知》提出,中医药将参与"一带一路"建设。国务院将遴选可持续发展项目,与丝绸之路经济带、21世纪海上丝绸之路沿线国家开展中医药交流与合作,提升中医药健康服务国际影响力。有宏观政策的有力指引，有"一带一路"的基础支撑，更有"别无分店"的优良材质打底，甘肃中医药成为"一带一路"沿线国家备受追捧的硬通货，自然也是顺理成章的。

甘肃中医药通过多年的努力，形成了可人的局面——先后被确定为全国唯一中医药综合改革发展试点示范省、陇东南国家中医药养生旅游保健创新区、中乌和中吉中医药合作执行省份、中医药服务贸易试点省。高高挂起的多块金字招牌，让甘肃中医药的品牌效应深入人心。"一带一路"很多沿线国家都有中医药的使用历史，绿色、无毒的中医药在这些国家的消费者中有深厚的群众基础。这为甘肃中医药"走出去"提供了契机，也赋予了它继续深耕产业新天地的雄心壮志。

"我们要深入开展产业合作，推动各国产业发展规划相互兼容、相互促进"，这是习近平主席在出席"一带一路"国际合作高峰论坛开幕式演讲时说的一句话，它道出了"一带一路"赋予产业合作的更多可能。让本省中医药"走出去"，不能简单地依靠买卖关系，而是要打造服务的多重维度。基于这种思考，甘肃中医药在"一带一路"沿线国家实行多方式合作，包括乌克兰、吉尔吉斯斯坦和马达加斯加都挂牌成立了"岐黄中医学院"，以输出技术的方式，让中医药版的"孔子学院"落地生根，成为"文化先行，诊疗跟进"的现实载体。"一带一路"不仅是贸易的简单来往，更是整个供应链、产业链和价值链的全新再建，甘肃中医药深谙此理，并主动作为，用技成加服务的形式，丰富了甘肃中医药的内涵，也扩大了产业发展的宽度。

"空口袋是立不起来的"，甘肃中医药之所以能风靡"一带一路"，走出一条光明大道，正是因为它的先天优势、丰富内涵以及技术支撑。习近平主席强调："我们要践行绿色发展的新理念，倡导绿色、低碳、循环、可持续的生产生活方式"，而甘肃中医药正是以此落脚。相信，它在"一带一路"上，也将有自己的"凿空之旅"。

深入贯彻《网络安全法》 提升网络安全水平

梁和平

2016年11月7日，备受瞩目的《中华人民共和国网络安全法》（以下简称《网络安全法》）高票通过，将于2017年6月1日起正式实施。

作为我国首部关于网络安全工作的综合性、框架性、基础性的专用法律，《网络安全法》是习近平总书记关于网信工作系列重要讲话精神的集中体现，是推进网络强国战略，适应国家网络安全工作新形势、新任务，保障网络安全和发展的重大举措，也是我国网络安全理论探索和实践经验的科学总结，充分反映出国家顺应广大人民群众期盼的决心和信心。

网络安全立法的重要现实意义

《网络安全法》旨在落实总体国家安全观，通过系统、严密的顶层设计保障网络安全，维护网络空间主权和国家安全、社会公共利益和个人信息安全，它的颁布具有极端重要的现实意义。

一是新形势下维护网上意识形态安全的关键环节。网络已成为意识形态领域斗争的主阵地，是意识形态渗透与反渗透的关键领域。当前，掌握网络空间主流意识形态的话语权和主导权日趋重要。我国审时度势，通过立法规范管理网络空间，维护公共利益和国家安全，顺理成章。

二是始终维护广大人民群众切身利益的现实需要。当下，我们每个人的生活与网络安全息息相关，但现实的网络环境十分堪忧，网络诈骗层出不穷、网络入侵比比皆是、个人隐私肆意泄露。《网络安全法》坚持以人民安全为宗旨，对个人信息保护、未成年人保护等方面提出了明确要求，对于网络产品和服务提供者、网络运营者收集用户信息进行严格规范，最大限度维护人民群众的切身利益。

三是依法治网的重要保障。网络空间不是"法外之地"，网民首先是公民，必然受到现实空间法律约束。近年来，因缺乏法规和秩序而造成的网络空间安全问题日益突出。《网络安全法》的颁布实施从根本上填补了我国综合性网络信息安全基本大法、核心的网络信息安全法和专门法律的三大空白，为我们对互联网实施有效的监管和治理提供了法律准绳和依据，为建立社会主义法治社会补充了重要拼图。

四是为推进信息化建设和实施"互联网+"战略提供了坚强的保障。《网络安全法》为各方参与互联网的行为提供了非常重要的准则，为所有互联网参与者规定了明确的权利和义务，使得所有网络行为都有法可依、有法必依。这使得信息化建设有了安全保障，也为大力推进"互联网+"提供了制度保障。

五是为网信部门发挥职责权限和实施监管明确了法理依据。新颁布的《网络安全法》系统地确立了各个主体，包括国家有关主管部门、网络运营者、网络使用者在网络安全保护方面的义务和责任。特别是明确了网信部门的管理责任，指出网信部门作为网络安全管理部门的职责权限。这也是首次在立法中对网信部门的职责权限进行了明确规定，使得网信行政执法部门在履行监管责任时可以更为准确地界定权力责任。

认清我省网络安全严峻形势

从工作实践来看，我省各地各部门各单位对网络安全工作的认知存在较大差距，对"没有网络安全就没有国家安全"的认识不到位、体会不深刻。部分单位和一些领导干部没有把网络安全工作摆在突出位置谋划，说起来重要、干起来次要、忙起来不要的现象依然不同程度存在，省市县三级在认识上存在"上热中温下冷"的现象。

我省网络防护起步晚、投入基础差，网络安全防护体系不健全不完善，一些单位没有建立网络安全监测预警和应急处置机制，缺乏有效的前置防护策略。

专业网络安全人才缺失，也是我省网络安全存在的普遍性制约问题。有调研数据显示，我省个别市州网络安全专业人才全部加在一起不足10人，缺口非常大，甚至存在1名信息安全技术人员同时服务20多家党政部门网络安全技术的状况。

"互联网核心技术是我们最大的'命门'，核心技术受制于人是我们最大的隐患。"我省一些城市都在规模化上马数据中心、云计算中心项目，但是一些关键性技术产品和应用平台还是来自国外和省外企业，省内能够提供市场认可的网络安全和信息化产品的企业很少，能够承接一揽子信息化项目的集成化互联网企业更少。

大力提升全省网络安全水平

《网络安全法》让我们有了法律的依据、法律的基础，为我们构筑了一道监管网络安全的防火墙。该法的颁布实施为我们切实做好我省网络安全工作提供了一个良好的契机。

第一，深入开展学习宣传活动。采取各种措施，开展全方位、多层次、多形式的宣传、教育和培训，掀起学习宣传贯彻《网络安全法》的新高潮。组织开展专题座谈会，专题普法宣传活动，教育普法培训、普法竞赛等活动，营造全省社会各界"学法、懂法、守法、用法"的良好氛围。

第二，构建适合我省省情的网络安全监管体系。比对《网络安全法》及配套法规文件，结合自身实际，尽快建立健全关键信息基础设施保护制度、数据信息保护制度、网络安全等级保护制度等配套制度，确保责任落实到位，形成依法治网的良性氛围，合力推动网络安全管理水平的不断提高。建立网络安全监督管理和应急工作机制，加快信息共享和应急响应平台建设，完善应急保障机制，确保重大突发事件及时有效处置。

第三，完善人才培养体系。制定出台《甘肃省关于加强网络安全学科建设和人才培养的实施意见》，申请设立网络空间安全一级学科点，开展博士、硕士研究生等网络安全高层次人才培养。促进网络安全职业教育发展，加快多层次网络安全人才培养。分类、分层、分批对重点岗位人员进行网络安全培训，提升从业人员安全意识和专业技能。建立适应网络安全特点的人事和薪酬制度、评价与激励机制，吸引和留住网络安全人才。

第四，支持网络安全技术开发和应用。推进网络安全技术产业发展和国家标准的落实，统筹规划、加大投入，扶持重点网络安全技术产业和项目。加大对网络安全先进技术设备的引进使用力度，增强对技术设备投入的计划性。紧密结合《网络安全法》的具体内容，在具体工作中不断总结经验，捋顺思路、找对方法，彻底改变"谁进来了不知道、是敌是友不知道、干了什么不知道"的被动局面。

建设安全有序的网络空间是全面实现新时期国家战略的迫切需要，是国家"十三五"建设的重头戏。我们要把学习宣传贯彻《网络安全法》作为当前全省网信工作的重中之重，统筹处理好安全和发展的关系，以安全保发展，以发展促安全，全力推动我省网络安全工作取得新成效，为建设幸福美好新甘肃提供坚强有力的网络安全保障。

以"绣花"的眼力和耐心，开启甘肃脱贫攻坚新征程

魏银君

全国"两会"期间，习近平总书记在参加四川代表团审议时指出，扶贫全过程都要精准，要下一番"绣花"功夫。对此，省委、省政府领导干部有深刻认识，甘肃贫困面大、贫困程度深，要想开启脱贫攻坚新征程，实现总书记在视察甘肃时强调的"要着力推进扶贫开发，尽快改变贫困地区面貌""努力到2020年与全国一道全面建成小康社会"目标，就是要牢牢把"精"和"准"抓在手里，像"绣花"一样抓好精准扶贫、精准脱贫。省委书记林铎多次指出，特别要重视解决好贫中之贫、困中之困、难中之难、坚中之坚的问题，既要大力发展产业，在可持续脱贫上下功夫，又要抓好"扶志""扶智"的工作，增强贫困群众脱贫致富的内生动力。

2017年5月22日开幕的中国共产党甘肃省第十三次代表大会上，林铎在报告中指出，未来五年，是我省打赢脱贫攻坚战、全面建成小康社会的决胜阶段。"要着力推进扶贫开发、尽快改变贫困地区面貌，坚决打赢扶贫攻坚战。""现行标准下农村人口如期脱贫、稳定脱贫，贫困县全部摘帽，解决区域性整体脱贫。"这些务实的举措，催人奋进的目标，都迫切需要全省上下用"绣花"的耐心、毅力以及定力抓好落实。正如班文华代表所言，相信通过大力开展"绣花"式扶贫，全省脱贫攻坚的目

标一定能实现。

绣花是一门什么样的功夫呢？它讲求施针到位，一针一线严谨精密；它需要耐心沉稳，锲而不舍绵绵用功；它必须细致谋划，姹紫嫣红分类勾勒。脱贫攻坚越往后，难度越大，越需要下一番"绣花"功夫，做好精准的文章。为此，甘肃各级坚持将绣花眼力、绣花耐心、绣花布局"三箭齐发"，始终坚持问题导向，对照脱贫目标，及时查漏补缺，强化动态管理，用"精心绣花"确保"精准脱贫"。发现要准，将鳏寡孤独、残疾智障人口纳入社保"养起来"，将缺资金、少技术的人"扶起来"，让贫困底数零遗漏；养老金、残疾人补助金，合作医疗报销和大病救助资金等十项收入，不能算作贫困人口脱贫收入；住危房或新建、改建房屋没有达到入住条件的，饮水不安全的，家庭成员患大病未治愈的，在十个方面"三保障"不达标的，不能算作脱贫人口……该分开的就要分开，该明确的就要明确，要不折不扣地把"现行标准"创造性地执行好。

只要功夫深，铁杵也能磨成绣花针。农村彩礼不断上涨，导致一些家庭出现因婚致贫、因婚返贫、家庭不和、婚姻破裂等现象，让人痛心。凭借超强的绣花眼力和绣花耐心，陇南坚决向"高价彩礼说不"，专门为农村青年举办集体婚礼，引导广大青年移风易俗，带头杜绝高额彩礼、带头简办婚嫁喜事、带头抵制攀比之风，努力做新风正气的倡导者、传播者和实践者。一个个鲜活生动的脱贫实例证明，甘肃的"绣花"功夫已经渗透到贫困群众生活的点点滴滴。

过去的五年，不甘落后的陇原儿女奋发图强、拼搏进取，保持了经济社会平稳健康发展的好势头。使命需要担当，实干成就未来。当前，甘肃脱贫攻坚的任务依然艰巨，这就要求各级大力弘扬"人一之我十之、人十之我百之"的甘肃精神，继续保持"绣花"的眼力、耐心、布局，拿出"绣花"的功夫，精准扶贫、精准脱贫，确保在全面小康的路上不落一人。

做好"八个着力"，建设幸福美好新甘肃

张楠之

2017年5月22日，中国共产党甘肃省第十三次代表大会在兰州隆重开幕。林铎同志代表中国共产党甘肃省第十二届委员会向大会做题为《紧密团结在以习近平同志为核心的党中央周围，为加快建设幸福美好新甘肃而努力奋斗》的报告，动员全省各级党组织、广大党员和各族人民不忘初心，继续前进，努力同全国一道全面建成小康社会，为加快建设经济发展、山川秀美、民族团结、社会和谐的幸福美好新甘肃而努力奋斗。

历史的厚重赋予了甘肃人勇敢无畏、顽强拼搏的品格，并凝聚成了"人一之我十之、人十之我百之"的甘肃精神。在这股精神中，有无愧于历史的强烈使命感，也有责无旁贷的担当意识，有对时代脉搏的紧紧把握，也有对辉煌业绩的无限希望。

对于今天的陇原人民来说，这股精神的落脚点，就是要建设一个经济发展、山川秀美、民族团结、社会和谐的幸福美好新甘肃，而实现这一目标的途径，就是要做好"八个着力"。

"八个着力"是习近平总书记在2013年2月视察甘肃时做出的重要指示，要求甘肃着力转变经济发展方式，推进经济结构战略性调整；着力推进科技进步和创新，增强经济整体素质和竞争力；着力发展现代农

业，增强农产品供给保障能力；着力推进扶贫开发，尽快改变贫困地区面貌；着力加强生态环境保护，提高生态文明水平；着力保障和改善民生，努力让人民过上更好的生活；着力加强社会管理，维护社会和谐稳定；着力改进干部作风，提高党和政府公信力。

总书记的要求是对甘肃广大党员干部和各族群众的殷切期望，这份期望涵盖了经济建设、政治建设、文化建设、社会建设、生态文明建设和党的建设的方方面面，展现的是一个从经济发展到社会治理、从生态文明到人民生活、从农业发展到科技创新、从干部作风到扶贫等方面开发全方位提升、发展的未来前景。

甘肃广大党员干部一直牢记总书记的要求，践行以人民为中心的发展思想，在不断提升综合实力上下功夫，加快培育科技创新发展新动能，扎实做好"三农"工作，打好脱贫攻坚战，筑牢西部生态安全屏障，巩固和发展团结奋进的良好局面，深入推进全面从严治党。

使命需要担当，实干成就未来。过去的五年时间里，党的建设持续加强，综合实力进一步提升，脱贫攻坚成效明显，基础设施不断完善，改革开放取得新进展，文化建设迈上新台阶，民生福祉日益增进，民主法治建设深入推进，基本完成我省第十二次党代会确定的工作任务，各项事业取得新进步。

广大党员干部明白自己肩上的使命，也懂得一步一个脚印的实干精神对于未来的意义。他们知道成绩属于过去，而未来的一切必须靠更多努力才能创造出来。

雄关漫道真如铁，而今迈步从头越。这片土地上的人民曾经创造过辉煌的过去，正在创造着生机勃勃的当下，也必将创造无限美好的未来。有以习近平同志为核心的党中央的坚强领导，有各级党组织和广大党员干部的团结一心，有全省人民的共同奋斗，一个经济发展、山川秀美、民族团结、社会和谐的幸福美好新甘肃的美好画卷正在徐徐展开。

加强干部作风建设　砥砺前行建设新甘肃

宋圭武

　　中国共产党甘肃省第十三次代表大会于2017年5月22日在兰州隆重开幕。林铎同志代表中国共产党甘肃省第十二届委员会向大会做题为《紧密团结在以习近平同志为核心的党中央周围，为加快建设幸福美好新甘肃而努力奋斗》的报告，报告中强调要着力改进干部作风，提高党和政府公信力，深入推进全面从严治党。

　　未来五年，甘肃将在综合经济实力、群众生活质量、法治建设能力、社会文明程度、环境保护、精准扶贫等领域取得更大成果，在全面建成小康社会目标的基础上，努力实现更高水平的发展，将陇原大地建设成为经济发展、山川秀美、民族团结、社会和谐的幸福美好新甘肃。

　　这一目标是甘肃广大党员干部对陇原人民的庄严承诺，这一目标的实现，关系着两千多万甘肃人民群众的生活，关系着无数家庭的幸福，而要实现这一目标，离不开一支立场坚定、作风过硬、锐意进取的党员干部队伍。

　　这支队伍是为民服务的排头兵，也是落实各项工作的主力军，更是团结带领全省人民砥砺前行创造美好生活的"火车头"，这支队伍强不强，直接决定着从宏观到微观，从经济社会各方面建设到人民群众具体生活的方方面面。

这一切，都需要通过深入推进全面从严治党，着力改进干部作风来实现。

加强作风建设，首先就是要提高政治站位，站稳政治立场，增强政治能力，对党绝对忠诚，自觉向党中央看齐，向习近平总书记看齐，向党的理论和路线方针政策看齐，向党中央决策部署看齐，真正做到思想上高度认同、政治上坚决维护、行动上时刻紧跟、感情上衷心爱戴。有道是，人心齐，泰山移。正确的政治方向、坚定的政治立场，恰是凝心聚力做好一切工作的保障，

加强作风建设，才能真正把人民群众放在心上，坚持为民取向，践行全心全意为人民服务的根本宗旨，将确定好的目标分解下去，将制定出的战略落实下去；才能真正做到以群众的忧为忧，以群众的乐为乐，将精准扶贫做到实处，将群众的生活质量提到高处。

加强作风建设，才能打造一支锐意创新、积极进取的干部队伍，以问题为导向，勤于学思践悟，勇于责任担当，大力弘扬"人一之我十之，人十之我百之"的甘肃精神，在改革的实践中不断创新，推动各项工作不断跃上新台阶。

加强作风建设，就是要锤炼严实作风，讲求立德修身，树立清廉形象，唯有如此方能取信于民，真正做到与人民同呼吸、共命运，和群众一道应对前进道路上的风险和挑战，从群众中汲取发展的动力，攻取一个又一个难关，取得愈加辉煌的成绩。

打铁必须自身硬。未来的前进之路，一定会有各种各样的困难和险阻，唯有建设一支作风过硬的党员干部队伍，才能不负习近平总书记的重托，万众一心，奋发进取，做好"八个着力"，努力用智慧和汗水创造无愧于历史、无愧于时代、无愧于人民的业绩，带领全省人民为加快建设经济发展、山川秀美、民族团结、社会和谐的幸福美好新甘肃而努力奋斗。

加强科技创新　助推经济发展

魏学宏

实施创新驱动发展战略，是加快转变经济发展方式的必然要求和战略举措，我们必须立足我省科技创新的差异性，精准把握科技创新驱动发展新的阶段性特征，把强化科技创新作为加快产业转型升级的关键和根本，为创新型甘肃建设提供有力的科技支撑。为此，在充分把握现实与差距的基础上，建议重点做好以下几个方面工作：

一、夯实科技基础，在重要科技领域跻身全国领先行列

第一，在准确判断科技突破方向上下功夫，瞄准全国以及世界科技前沿，一定要看到国内的科技进展，要具有世界眼光。科技创新不求面面俱到，不能不切实际地在各个领域和别人一较高下，而应该扬长避短，加强依托大科学装置的前沿研究以及变革性技术和战略需求的科学基础研究，补好基础研究短板。第二，做好大数据建设。大数据是财富，是资源，是科研的战略高地。在基础研究、应用研究，乃至人文社会科学高度融合、相互交叉的复杂问题中都需要大数据做支撑，作用明显。只有把大数据建设作为新的科研范式，才能赢得先机。第三，要紧紧围绕夯实科技基础进一步构建和完善普惠性创新支持政策体系。降低企业享受政策的门槛和成本，强化企业创新主体地位，以普惠性政策调

动企业尤其是小微企业的创新积极性。

二、强化战略导向，破解创新发展科技难题

第一，立足自主创新，加强原始创新，加快基础研究成果向应用技术、向产品研发转化的速度。第二，做好传统产品和技术的创新。能源、石化、冶金有色、建材等传统产业是我省经济发展的重要支撑，但由于受国内外市场形势影响，要素成本优势被不断挤压，传统工业下行的压力持续增大。因此必须依靠科技创新，加快推进高新技术在传统产业中的应用。第三，做好新材料、新能源、生物产业、信息技术、先进装备制造、节能环保、新型煤化工和现代服务业等方面的创新，促进传统工业行业提质增效，使产品迈向中高端水平，增强市场竞争力。第四，做好文化装备、软件、系统研制和自主创新。加强文化领域技术集成创新与模式创新，推进文化和科技相互融合，促进传统文化产业的调整和优化，推动新兴文化产业的培育和发展，提高文化事业服务能力。第五，以人民需要为导向做好科技创新。现实中，疾病防控、食品药品安全、人口老龄化、宜居的生活环境、均等的教育资源、普惠的信息网络服务等重大民生问题，要进行科技创新，满足人民之所想。

三、加强科技供给，服务经济社会发展主战场

第一，依靠科技创新不断增加公共科技供给，逐步完善低成本、广覆盖、高质量的公共服务体系。第二，进一步发挥市场对技术研发方向、路线选择和各类创新资源配置的导向作用，促进科技资源市场化配置。第三，进一步加强科技创新基地建设布局和运行服务，完善国家科技基础条件平台运行服务后补助机制，在绩效评价基础上给予支持。第四，深化科技计划项目管理改革，形成充满活力的科技管理和运行机制，要简化科研项目的预算编制，简化科研仪器设备采购管理，精简各类检查评审，大幅提高人员费用比例，完善激励政策，实现放管有效结合，充分调动科研机构主动性和创造性，让科研人员真正享受创新红利。

四、弘扬创新精神，培育符合创新发展要求的人才队伍

第一，优化整合各类人才，实现各类人才的有机衔接和信息共享。第二，加大人才培养和引进力度。实施更加积极的人才引进政策，吸引集聚一批高水平人才来甘从事科研和教学。第三，深入实施创新人才推进计划等重大人才工程，围绕重要学科领域和创新方向，加大对领军人才、青年人才和优秀团队的支持力度。第四，加强技能型人才培养，加大青年人才和企业一线人才的倾斜支持。第五，完善人才评价激励制度。建立适应不同科研活动特点和人才成长规律的分类评价机制。改革人才奖励制度，鼓励和规范社会力量奖励科技人才。改革收入分配制度，优化科技人才薪酬结构，加快实施绩效工资制度。第六，促进人才有序流动。支持科研院所、高等学校和企业人才双向流动，消除身份、职称、福利方面的人才流动障碍，推进人才市场体系建设，畅通人才流动渠道。

扑下身子真抓实干，谱写脱贫攻坚新篇章

聂笑蕾

"过去的五年，不甘落后的陇原儿女奋发图强、拼搏进取，保持了经济社会平稳健康发展的好势头；未来五年，是我省打赢脱贫攻坚战、全面建成小康社会的决胜阶段……"2017年5月22日，省委书记林铎同志代表中国共产党甘肃省第十二届委员会向大会做报告，声音平和却有力。

使命需要担当，实干成就未来。2017年是我省脱贫攻坚的关键之年，今后五年，脱贫攻坚工作依然是我省各级党委政府的"一号工程"。

扶贫攻坚的目标已经明确，脱贫致富的蓝图已经绘就。但是要"全力打好打赢脱贫攻坚战"，实现我省今年脱贫攻坚战略的各项目标任务，各级领导干部只有深入贯彻落实中央和省委的一系列重要决策部署，把总书记有关脱贫攻坚的重要论述牢牢记在心上，把"扑下身子真抓实干"作为我省脱贫攻坚战略的基本遵循，踏踏实实沉到基层，认认真真倾听民意，切切实实关心民瘼，才能带领贫困地区的老百姓早日脱贫解困，早日致富奔小康。

扶贫对象最缺的是什么？摆在扶贫对象眼前最棘手的问题是什么？当前扶贫政策进展如何，落实情况怎样？各级领导干部的心里要有本明白账。这就需要各级领导干部换位思考、树立榜样，结合基层现状，时刻牢记自身的责任，把群众的冷暖疾苦放在心上，深入群众，走进田间

地头，与村民唠家常、交朋友，摸清基本情况，找准贫困根源。通过反复走访、座谈交流、实地查看、组织讨论等方式，广泛征集民意，了解村民所思、所想、所盼，结合村情民意，有针对性地制定扶贫计划、脱贫方案，并根据具体情况有效开展工作。

基于这个问题，我省各级领导干部在处理扶贫攻坚问题时，就要既能"扑下身子"，也能"狠抓落实"。如果只是表面上深入基层了，看似身子也扑下去了，但只是喊破嗓子而不能甩开膀子，这仅仅是做了一个唬人的姿态。群众的眼睛是雪亮的，如果你不能狠抓落实，不能真抓实干，那么，以后再也不会有人搭理你了，你所联系的村也好，户也好，群众是不会支持的，你的扶贫攻坚工作就会陷入被动，甚至失败。

"自古华山一条路"，脱贫攻坚工作也只有一条路，那就是"扑下身子真抓实干"。各级领导干部只有抢抓脱贫机遇，多措并举，及时和群众一道攻坚克难，才能打赢脱贫攻坚战这场仗。

唯如此，我们才能够贯彻落实总书记"八个着力"重要指示精神，进一步推动"八个着力"重要指示精神在陇原大地落地生根，让陇原人民过上更加幸福美好的新生活。

正如林铎书记在报告中所指出的"在新的长征路上，全省各级党组织和广大党员干部要传承好共产党人的光荣与梦想，保持忧患意识，永怀赤子之心，高扬奋斗精神，以攻坚克难的勇气、百折不挠的韧劲、真抓实干的作风，书写建设幸福美好新甘肃的崭新篇章"。

在供给侧结构性改革中发展现代农业

张建君

习近平总书记视察甘肃时要求我省加快发展现代农业，省第十三次党代会也明确提出了着力发展现代农业的战略举措。结合农业供给侧结构性改革的核心要求，我省既要解决好农产品的种植结构，淘汰低质落后品种、消除低质产品生产过剩等基础性问题；也要优化农业内部产业结构、提升农村第三产业的服务质量与水平；更要把优化农业产品产业结构作为发展现代农业的牛鼻子工程和攻坚环节，真正为甘肃农业的现代化发展奠定一个坚实的产品产业结构。

一、优化农业产品结构，持续做好"粮-经-蔬"的加减法

目前，我省"粮-经-蔬"播种面积基本保持在7：2：1的基本态势。我省有必要减少诸如小麦、玉米、大豆等农产品的种植面积，优化经济作物种植品种、规范中药材种植，进一步加大蔬菜包括瓜类林果种植与品种改良。根据国际国内农产品的有效供给，做好"粮-经-蔬"种植比例调整的"加减法"，形成我省主要农产品较为合理的种植比，使得各个类别产品结构的优化与调整，既能体现出内部品种改良与技术创新，又反映了国内外市场供求变化的基本趋势，扬长补短、因地制宜，有效推进主要农产品供给侧的深度调整和质量提升。

二、依托甘肃种业强化源头创新，开拓甘肃农业创新驱动的发展道路

在农业特别是种植业方面，我省呈现出大而不强的产业状态。有些农产品品种老化、退化，低产出、低效益的问题非常严重，品种改良跟不上结构调整的实际需求，需要通过不断提高科技含量，特别是采用现代育种产业的发展来引导农产品结构调整的方向，淘汰低质落后品种、消除低质产品的生产过剩问题。可以说，育种产业处于农产品结构调整的源头，谁控制了种子，也就控制了农产品结构调整的发展方向。我省是国家确定的全国三大育种基地之一，要加强本地种业企业的培育与打造，要推动农业科研单位企业化改革，通过占领育种、制种等农业生产的源头高地，形成引领甘肃农业供给侧结构性改革的科技引导力，真正做强做大甘肃种业，形成以源头性创新为牵引的甘肃现代农业发展道路。

三、强化农产品制度建设，全面实施甘肃农产品原产地可追溯制度

绿色农业和生态农业是农业现代化发展的主要方向，农产品原产地可追溯制度是绿色农业和生态农业的重要制度创新，也是提升农业供给侧质量与效益最重要的制度保障。这些年我省的高原夏菜、特色林果在国内外市场都赢得了良好声誉，为我省打造绿色农业、生态农业奠定了很好的基础。我省要进一步通过全面实施甘肃农产品原产地可追溯制度，防止农药、化肥、除草剂等化学化工产品的过度使用，进一步提升我省农产品的供给质量、品质安全与品牌效应，最好的办法就是通过政府有计划地实施甘肃省农产品原产地可追溯制度，来提升甘肃农业生产的专业化、标准化、高质化和规范化要求，借此推动我省农产品的提质增效，形成更有质量与效益保障的绿色农业、生态农业发展之路。

四、把牧业强农作为优化农业结构、推动农业升级的战略抓手

畜牧业产值占比的提升，可以看作是农业产业结构高级化演进的主

要趋势和标志。在发达国家，畜牧业的产值大多数都超过了种植业，占比在50%以上。畜牧业能够打破季节性的限制，产品附加值远远高于种植业，是农业增收和农业产业结构调整的主要方向。从我省农林牧渔业总产值构成占比来看，农业独大（产值占60%以上）、牧业次之（产值约占30%）、林渔很小（林业产值占比约0.05%、渔业产值占比约0.002%）。全国畜牧业在农林牧渔产值构成中所占比重约40%，我省约30%，远远低于发达国家50%以上的占比水准。这就表明在深化我省农业供给侧结构改革方面，要坚定不移地加快畜牧业发展，实施畜牧强农战略，依靠畜牧业的大发展赢得农业内部结构优化的先机，把畜牧强农作为我省优化农业内部结构的战略抓手。

　　未来五年，是我省全面贯彻落实省第十三次党代会精神的重要时期，发展现代农业是提升县域经济层次、提高农村居民收入、加快贫困人口脱贫的重要战略保障，只要我们把省党代会的这些宝贵精神转化为甘肃经济社会持续健康发展的强大动能，就能真正造福陇原、发展甘肃。因此，甘肃现代农业的发展，要从基础性的薄弱环节——产品产业结构着手，大胆突破、有所创新，走出一条创新驱动的发展道路。

创新体制机制　促进县域经济发展

王建兵

县域经济社会发展是区域协调发展的基石，甘肃省面对经济新常态下经济下行的严峻形势，以供给侧结构性改革为主线，牢牢把握去产能、去库存、去杠杆、降成本、补短板的工作总基调，县域经济发展态势良好，各项经济社会事业都取得了较大的进步。但同时也要看到，总体上甘肃省县域经济发展底子薄、水平低、结构不合理的问题依然比较突出，因此，为适应县域经济产业融合发展的新趋势，甘肃省县域经济的发展要在体制机制上进行创新。

一、建立和完善县域投融资体系，为县域发展提供资金支持

经过多年的金融机构改革，我国县域金融体系初步形成了以国有金融机构为主导，以农村信用合作社为辅助的架构，主要具有政策性、商业性和合作金融的职能和特点。但是县域金融对县域经济发展的支持总体不足，县域金融信贷投入结构不合理、金融产品针对性不强、农村信用社融资能力弱等问题突出。因此，一是要建立适合县域经济发展的金融机构的种类，发展一批服务县域经济发展的政策性或股份制金融机构，提高服务网点的覆盖率；二是要提高信贷管理水平，建立健全贷款风险约束机制、优质信贷资产激励机制、信贷用户信用等级评定机制等

信贷管理体系；三是建立多层次资本市场，加快县域证券业和保险业的发展，进一步完善资本市场结构，丰富资本市场产品；四是加大财政对农村信用合作社的支持力度，在税收政策和财政政策方面为农村信用合作社提供优惠政策，强化其农村主力军的作用；五是建立健全以政策为主导的农业保险体系，成立政策性农业保险公司，建立农业保险基金，鼓励商业性农业保险公司在县域设点。

二、建立和完善知识产权保护体系，为县域发展提供技术支持

增强区域核心竞争力是推进县域经济可持续发展的唯一动力。在"双创"背景下，县域经济要发展起来，越来越需要一批自主创新能力强和拥有核心技术专利的地方企业来推动。一是企业自身要做好知识产权保护工作，建立专门的知识产权管理部门，制定专利、商标等知识产权管理制度，聘请专业知识产权保护法律顾问，保障自身合法权益；二是企业要建立专利和信息查询利用机制，将知识产权战略融合到企业的技术创新和管理工作中，积极借鉴和吸收国内外先进技术、科学预测技术和市场发展趋势，有针对性地进行技术创新，将产权优势转化为企业竞争力，规避侵权风险，为企业在市场竞争中争取主动权；三是支持企业与高等院校、科研院所建立多种形式的技术研发与合作机制，鼓励企事业单位实行知识产权薪酬奖励或技术入股，鼓励企业或个人用知识产权拍卖、转让、质押等方式实现知识产权的市场转化，推动知识产权的推广与应用；四是加强知识产权执法保护，建立力量充实的知识产权行政执法队伍，严厉打击侵犯知识产权行为，营造良好的创新环境。充分利用行业协会、商会等各种工商组织的内部协调作用，引导企业采取有效措施应对各类知识产权纠纷，化解产权矛盾。

三、建立和完善人才引进培养机制，为县域发展提供智力支持

县域经济要适应新常态，实现可持续发展，人才是关键因素之一。高层次人才的竞争已经成为国际竞争的重点，县域城市由于在城市影响

力、产业配套设施、经济发展实力等方面无法与大中型城市相比较，吸引高层次人才和创新创业人才到县域聚集、生活、工作就显得更加困难。因此，一是县域政府部门要真正把人才强县战略作为经济社会发展的核心战略，针对不同类型、不同发展阶段的高层次创新创业人才的需求，在创业扶持、税收优惠、生活待遇、金融支持等方面制定明确政策和相关实施细则，切实解决人才项目发展过程中的重点问题；二是着力营造服务型政府，提升机关工作人员服务意识，提升服务质量和效率，努力创造基础设施完善、社会环境和谐、政府高效廉洁的商务环境；三是要在支柱产业和重点行业建立县域技术服务平台，帮助企业利用社会服务规避技术风险、降低开发成本、缩短研发周期，促进企业提高技术创新水平和完善创新能力；四是建立人才关爱机制，增强人才对落户地的信任感，形成吸引人才和留住人才的良性氛围，大力营造鼓励创新、支持创业和宽容失败的人才发展环境。

四、建立健全生态保护体系，为城乡居民提供安居乐业的环境

习近平总书记提出的"绿水青山就是金山银山"，为新时期县域经济发展指出了一条更加理性的现代生态经济发展模式。这种模式既不是以牺牲生态环境为代价的经济增长模式，也不是以牺牲经济增长为代价的生态保护模式，而是生态经济与县域经济协调发展、均衡发展的生态经济发展模式。一是要在县域发展中充分融入生态文明的理念，县域的发展不仅要抓经济发展硬指标，更要将人民群众的生存环境、生活质量、幸福体验等软指标考虑进去，形成具有县域特色的社会主义生态文明建设氛围；二是县域产业的发展要以绿色、低碳为主，发展无污染、低消耗、资源可再利用的绿色生产模式和工艺；三是县域建设要以规划为先导，建制镇要实施标准化的道路交通、卫生设施、城市管网的建设，打造宜居城镇。要积极推进农村山、水、林、田、房综合治理工程，引导农村居民集中居住，建设一批生态文明小康村。

发展优质教育　助力新甘肃发展

焦　轩

　　甘肃省第十三次党代会是在全省进入全面建成小康社会决胜阶段、喜迎党的十九大的新形势下召开的一次继往开来的重要会议。林铎书记做的报告政治站位高，总揽全局，主题突出，求真务实，特别是报告中提出今后要进一步深入贯彻习近平总书记视察甘肃时提出的"八个着力"重要指示精神，建设幸福美好新甘肃，符合省情，深得民心，令人鼓舞。教育部门肩负着神圣的使命，更要把"八个着力"重要指示精神全面贯彻到教书育人的全过程，努力办好人民满意的教育，为实现这一目标做好人才保障和智力支撑。

　　明确为谁培养人、培养什么样的人是办好教育的前提。要始终坚持党的教育方针，坚持教育为社会主义现代化建设服务、为人民服务，把立德树人作为教育的根本任务，全面实施素质教育，培养德智体美全面发展的社会主义建设者和接班人，努力办好让人民满意的教育。要强化理想信念教育，把培育践行社会主义核心价值观、增强学生社会责任感作为重点任务贯彻到国民教育全过程。要强化综合素质教育，践行文化知识学习与思想品德修养统一、理论学习与社会实践统一、全面发展与个性发展统一的教育理念，全面提高学生综合素质。要强化实践创新能力培养，把增强学生创新精神与实践能力贯彻到国民教育全过程，全面推进教育与生产劳动和社会实践相结合。

坚持提高质量促进公平。改革开放以来，我省教育持续快速发展，已形成了较为完备的现代教育体系，基本解决了"上学难"问题，教育事业进入全面提高质量、实现公平发展、解决"上好学"问题的新阶段。当前教育工作面临的矛盾是优质资源的缺乏，城乡二元结构加剧教育领域的矛盾冲突。要破解这一难题，必须深化教育领域综合改革，牢固树立创新、协调、绿色、开放和共享的发展理念，把创新思想摆在教育发展全局的核心位置，推进教育观念、办学体制、管理体制、招生考试制度、资源配置方式、人才培养模式、教育教学内容与方式、教育质量与人才评价制度等方面的创新，激发教育发展活力，增强教育创新发展能力。

要大力实施教育精准扶贫。扶贫先扶智。要把教育精准扶贫作为一项重大政治任务，充分发挥教育在脱贫攻坚中的基础性、先导性作用，阻断贫困代际传递。实施教育精准扶贫十大工程：聚力"补短板"，扩大农村学前教育资源；聚力"兜底线"，城乡义务教育均衡发展；聚力"强内涵"，提高高中教育质量；聚力"拔穷根"，职业教育发力，培养一人脱贫一户，农民受益产业补血；聚力"建机制"，优秀教师支教乡村，优质资源流动无阻，学生不动老师动；聚力"缩差距"，民族地区受益，马背小学变为寄宿制学校；聚力"全覆盖"，教育资助精准，不能让一个孩子因家庭贫困失学；聚力"扩计划"，招生扶贫定制，省属高校多策并举，定向选材寒门子弟；聚力"多关爱"，呵护留守儿童，大数据建档立卡，精细政策遮风避雨；聚力"保优先"，老区教育跨越发展，公共财政定向倾斜，优质教育回馈根据地人民。

抓点带面　把社会组织
"组织起来"凝心聚力

陇　平

　　甘肃省第十三次党代会报告强调，加强基层党组织书记队伍建设，发挥党支部主体作用，提升农村、社区、企业、机关、学校等各领域党建工作水平。学习贯彻省第十三次党代会精神，是各级党组织当前和今后一段时期的重大政治任务。近年来，甘肃省充分发挥社会组织党建工作的带动作用，扎实推动把新的阶层人士"组织起来"试点工作，取得了明显成效。

　　抓"两学一做"，将新阶层人士武装起来。"两学一做"学习教育开展以来，甘肃省民政厅印发了《"两学一做"应知应会口袋书》，组织了学习习近平总书记"七一"重要讲话精神专题辅导，举办了两期全省社会组织领军人才培训班，组织部分社会组织负责人赴山东省社会主义学院接受教育，把"组织起来"试点工作与社会组织党员的日常管理教育结合起来，引导社会组织从业人员以党的旗帜为旗帜、以党的方向为方向、以党的意志为意志，听党的话、跟党走。

　　抓"两个覆盖"，将新阶层人士团结起来。在推进"两个覆盖"工作中，坚持政治上关心关爱、发展上帮助帮扶、感情上相通相融，教育社会组织新阶层人士坚定在党的领导下走中国特色社会组织发展之路的信念，引导他们自觉当好党和政府的"智囊团"，富民兴陇的"助推器"，社会和谐的"黏合剂"，政府放心、人民群众满意的"中间人"。

抓分类指导，将新阶层人士调动起来。甘肃省民政厅指导学术性社会团体新阶层人士充分发挥理论人才优势，引领学会、研究会在凝聚科学人才、创新科学理论、协调学术资源、塑造社会价值观念、传承社会历史文化等方面发挥积极作用；指导行业协会（商会）新阶层人士利用行业协会（商会）在行业中自我管理、自我服务、自我监督的特殊地位，进一步提升行业协会（商会）的整体实力和竞争能力；指导公益性基金会新阶层人士"在全面小康中看作用、在助推扶贫中找位置"，积极推动开展扶贫济困、助学助医等公益活动；指导律师行业协会新阶层人士积极参与公益法律服务活动，认真履行法律援助义务，参加法律服务进社区、进乡村活动。

抓典型示范，将新阶层人士选树起来。甘肃省民政厅坚持抓点带面、典型示范，联系了一批有影响力、有知名度的新阶层人士，注重培养引导、定期联系沟通，在政治上关心、业务上指导、活动上参与、生活上交流，形成了"清、亲"的政社关系。

抓宣传引导，将新阶层人士激励起来。坚持把宣传报道作为推进"组织起来"试点工作的有效方式，创新线上和线下宣传模式，建立了全省社会组织党建工作QQ群，编印《甘肃省社会组织党建动态信息简报》，新建开通了"甘肃省社会组织党建微信平台"，开展微交流、微宣传、微展播活动，集中宣传社会组织推动民生发展、投身公益事业的"凡人善举"，传播社会组织正能量，讲好社会组织故事，营造社会组织新阶层人士成长的良好氛围。

推进生产方式绿色化　大力培育生态文化

魏学宏

习近平总书记在甘肃省考察时做出"八个着力"的重要指示，这是建设幸福美好新甘肃的战略纲领，是甘肃工作的根本遵循和行动指南。省委、省政府深入贯彻落实习近平总书记视察甘肃时的重要讲话精神，进一步完善工作思路，强化工作措施，转型发展的脚步更加坚定、更加有力。

当前，我省经济发展遭遇资源约束趋紧，环境污染严重，生态系统退化，环境承载能力已达到或接近上限等问题，生态环境已成为全面建成小康社会的短板和瓶颈制约。面对环保严峻形势和民众新期待，必须从各个方面加以努力，打好攻坚战和持久战。其中，推动生活方式绿色化，实现生活方式和消费模式向勤俭节约、低碳绿色、文明健康的方向转变，力戒奢侈浪费和不合理消费，已是形势使然、民意所指、民心所向。自古以来，我国对生产方式的绿色化就有朴素认识，人们也一直在践行着取之有度、用之有节的生活理念。老子的"天人合一、道法自然、抱朴见素、少私寡欲"，荀子的"从人之欲，则势不能容，物不能赡"，孟子的"苟得其养，无物不长；苟失其养，无物不消"，都是我国传统文化留下的宝贵思想财富。

甘肃是中华民族生态环境保护的重要屏障，我们首先要在保青山护绿水上下功夫、见成效。全面推行河长制，提升自然生态系统稳定性和生态服务功能；推进国家生态安全屏障综合试验区建设，加大祁连山等自然保护区生态环境破坏问题整治、修复和保护力度，并加大对农村面源污染治理力度，确保民众"喝上干净的水、呼吸清新的空气"，筑牢西部生态安全屏障。生态文明建设是党的十八大提出的中国特色社会主义建设五位一体总体布局的新要求，而深入推进生态文明建设，努力把生态优势转变为发展优势，离不开生态文化的强力支撑。生态文化是生态文明建设在精神层面的反映，承载着一个国家、民族和地区对生态文明的精神追求。在全社会培育和弘扬生态文化，是确保甘肃如期建成全面小康的必然要求。培育和弘扬生态文化，使之融入经济、政治、文化、社会建设，形成相互支撑、相互促进的有机整体，既是生态文明建设的内在要求，也是甘肃实现后发优势、全面建成小康社会的有利契机。

省委、省政府不断完善全省生态文明发展思路，围绕"大地增绿、农民增收"的目标，采取了一系列措施，如树立尊重自然、顺应自然、保护自然的生态文明理念；建立和完善生态文明建设的体制机制；大规模推进国土绿化行动，优化甘肃的国土空间开发格局；大力发展循环经济；实行清洁生产；经济增长与生态文明建设相互促进，融合共建；增强节约意识，形成绿色消费新风尚；构建低碳产业发展新体系；加大生态环境保护和建设力度，努力构筑坚实的生态安全、高效的生态经济和繁荣的生态文化三大体系等。要进一步健全举报、听证、舆论和公众监督等制度，构建全民参与的社会行动体系；加快建立环境公益诉讼制度，健全生态保护全面参与机制；在建设项目立项、实施、后评价等环节，积极有序增强公众参与程度；大力引导生态文明建设领域各类社会组织健康有序发展，充分发挥民间组织和志愿者的积极作用，共同汇聚起生态文明建设的蓬勃力量，使全省全社会形成对生态文明建设的认同并积极践行，从而为拓展发展空间、增强发展后劲提供良好的社会氛围，为加快转变经济发展方式、显著提高经济发展质量和效益提供良好的舆论保障，促使全省生态文明建设保持良好的发展态势。

五年励精图治，攻坚克难促经济迈上新台阶

江德斌

甘肃地处我国西部地区，经济发展较为迟缓，长期以来落后于中东部地区。在省第十二次党代会召开之前，各项经济数据很不理想，多项重要指标处于全国"尾巴"：2011年，全省城乡居民收入在全国排名倒数第一，人均GDP倒数第三，小康社会实现程度倒数第五。

面对如此难堪的经济数据，恐怕很多人的心都要凉半截，对甘肃省的经济发展前景难言乐观。然而，甘肃人秉持坚毅顽强的精神，励精图治，勇于直面现实，及时吹响追赶号角，将落后的压力化为发展的动力，谱写出一曲令人欣喜的发展乐章。

省第十二次党代会召开后的这五年来，全省上下认真贯彻落实习近平总书记"八个着力"重要指示，统筹推进"五位一体"总体布局，协调推进"四个全面"战略布局，经济领域结出多项成果，我省综合实力不断上升，经济发展亮点频频闪现。盘点我省经济发展成果，可以看出，在奋力追赶、谋求后发赶超的历程里，我省立足于本地特征，脚踏实地努力发展经济，赢得了一项项可喜成绩。

经济总量是衡量一个地区经济实力的重要指标，五年来，我省经济增速多次跃居全国前列，实现生产总值顺利迈过7000亿大关。我省经济基础薄弱，经济体量小，但经济增速较高，得以将"经济蛋糕"快速做

大，也为追赶先进省区奠定了底气。同时，财政收入、城乡居民收入增幅均超过经济增幅，说明经济增长质量较好，政府和民众都从中获益，实现了多赢局面。

"着力转变经济发展方式，推进经济结构战略性调整。"五年来，我省经济结构调整取得了重大突破，三次产业结构实现了由"二三一"向"三二一"的转变，2016年三产增加值占生产总值比重首次超过50%，综合收入首次突破千亿元大关。经济不仅要发展，还要有高效、合理的发展模式。第三产业位居第一位，说明我省经济结构趋于优化，经济转型、消费升级获得显著成绩，为未来经济打下可持续性发展基础。

"着力推进扶贫开发，尽快改变贫困地区面貌。"我省山区较多，贫困人口占比较大，加上各项基础薄弱，脱贫摘帽的难度很大。五年来，我省全力打响扶贫战役，采取"1＋17"精准扶贫工作方案，收获满满。截至2016年年底，贫困地区农民人均可支配收入的增速已高于全省农民人均可支配收入增速，全年减少贫困人口101.9万人，贫困发生率由2011年的33.2%降至9.3%。经济发展的根本目标就是改善人民生活，要让所有人都能从经济发展中获益，共同分享经济发展的利益蛋糕，绝对不能落下一位群众。我省还要继续打好脱贫攻坚战，争取所有贫困人口早日彻底脱贫。

目前，我国传统产业普遍处于产能过剩状态，特别是煤炭、钢铁、水泥、玻璃等重灾区，行业下滑导致一些企业亏损，去过剩产能的压力很大。在中央提出供给侧结构性改革、落实"三去一降一补"政策后，我省积极响应，在化解钢铁、煤炭过剩产能方面，提前或超额完成国家下达的年度目标任务，有效优化产业结构，改善企业盈利状况。去过剩产能是经济结构调整升级的必由之路，淘汰落后过剩产能，就可以将宝贵的社会资源投入到更有发展前景的新经济里去，提高资源利用效率，开拓经济增长新动能。

过去五年，甘肃迎来千载难逢的发展机遇。多条高速公路、高铁线路开通，真正实现了"千里陇原一日还"，将甘肃带入高铁时代，开上社会经济发展的快车道。随着国内外产业加速向内地和西部转移，我省资源禀赋优势凸显，对产业和资本转移呈现出强大的吸引力。国家对西部省份给予了极大支持，出台多项发展扶持政策。我省还是著名的丝绸之路经济带黄金段，"一带一路"倡议的实施，为我省打开了新的发展大门，催生出新的经济增长点。

过去五年的经济亮点还有很多，诸如粮食生产实现"十三连丰"、连续三年超额完成年度投资计划、社会消费品零售总额快速增长等。这一个个翔实有力的数据，乃是甘肃人励精图治的汗水结晶。过去五年的丰硕成果令人对下一个五年充满期待。我省将会"百尺竿头，更进一步"，迈出更快更稳的超越步伐，收获更为丰美甘甜的果实。

信心托起甘肃脱贫攻坚的"真""实""进"

李　强

只要有信心，黄土变成金。如今，在甘肃脱贫攻坚的战场上，信心已化作磅礴动力，凝结成干群拔穷根的强大合力，托起甘肃脱贫攻坚挺进"真""实""进"。

信心何来？来自中央"不能落下一个贫困家庭，丢下一个贫困群众"的坚定决心，来自国家一个又一个暖人心窝的扶贫好政策，尤其是来自习近平总书记对甘肃扶贫开发的关心、牵挂和嘱托。

2013年春节前夕，习近平总书记视察甘肃时强调，甘肃"要着力推进扶贫开发，尽快改变贫困地区面貌""努力到2020年与全国一道全面建成小康社会"。

党的十八大以来，特别是习近平总书记视察甘肃以后，甘肃省坚持把建设全面小康作为全局工作的重中之重、把脱贫攻坚作为全面小康的重中之重、把精准扶贫作为脱贫攻坚的重中之重，动员各方力量攻坚拔寨，向贫困发起总攻。

真扶贫，扶真贫，一个"真"字就这样写就。鉴于以往"大水漫灌""撒胡椒面"的粗放式扶贫已经不能满足现实需要，甘肃决心最大限度地挖掘、整合、利用好有限的资源和力量，围绕对象、目标、内容、方式、考核、保障"六个精准"，制定出台"1+17"精准扶贫、精准脱贫工作方案，坚决打赢精准扶贫、精准脱贫的攻坚战和大决战。

出实招，使实劲，一个"实"字就这样炼成。甘肃注重在扶贫机制的探索与创新上下功夫，继在全国首创"参与式整村推进"后，又以产业开发为主线，在整村推进的基础上，以点串线、以线连片，积极探索"连片开发、整流域推进"扶贫机制创新试点。脱贫攻坚越往后，难度越大，越需要下一番"绣花"功夫，做好精准的文章。甘肃从做实做细建档立卡实现动态管理、打牢精准扶贫基础，到对贫中之贫、困中之困、难中之难、坚中之坚的地方，采取超常措施加以扶持。在近几年创造的精准政策和措施支撑有效经验的基础上，将继续在精准识别、帮扶、考核、退出等方面出实招，真正做到因人施策、因户施策、动态掌控。

勤研究，下力气，一个"进"字就这样呈现。成绩面前，必须保持清醒头脑，甘肃强调，精准扶贫、精准脱贫，既要继续巩固"稳"的基础，又要不断加大"进"的力度，在提高脱贫攻坚质量上下功夫，在持续脱贫增收上下功夫，在建立稳定脱贫长效机制上下功夫，确保脱贫的真实性、稳定性和持续性。特别要在稳定脱贫成果上多研究、多下力气，既要看现在又要想长远，既要达标准又要可持续，确保脱贫攻坚取得实实在在的效果。可喜的是，全省各地产业扶贫、旅游扶贫等各式扶贫均呈现聚集发力强势推进的态势。

上一秒已成过去，曾经的辉煌，仅仅是曾经。当前，甘肃已经站在新的历史起点上，正处在决战脱贫攻坚、决胜全面小康和经济社会转型升级的关键阶段。我们聆听到的，是全省广大干群"决战决胜全面小康，加快建设幸福美好新甘肃"的更足信心和更强决心，只要咬定目标不放松，撸起袖子加油干，一锤一锤钉钉子，甘肃，就一定能够打好打赢脱贫攻坚战！

着力推进扶贫开发　尽快改变贫困地区面貌

王建兵

　　党的十八大以来的这五年成为甘肃扶贫开发史上减少贫困人口最多、贫困群众增收最快、农村面貌变化最大的时期。甘肃贫困人口由2011年末的842万人减少到2016年底的193.49万人，年均减贫129万人。贫困发生率由40.48%下降到9.30%，下降了31.18个百分点。目前，精准扶贫进入了最后的攻坚期，习近平总书记指出："农村贫困人口如期脱贫、贫困县全部摘帽、解决区域性整体贫困，是全面建成小康社会的底线任务。"甘肃省要在"八个着力"的统一部署下，调动和整合各方面的力量，打一场扶贫攻坚的战役，保证如期完成这一底线任务。

　　着力推进扶贫开发，就要大力发展县域经济。要切实改变发展县域经济就是发展农业经济、产业培育就是培育农业产业的惯性思维，在有条件的地区必须以工业化建设为核心，树立"工业是发展之本，农业是发展之根，三产是发展之翼"的理念，不断优化创新创业环境，注重搞好配套服务。各地要因地制宜，发挥比较优势，依据资源禀赋，挖掘技术潜力，大力发展特色产业，在提升产品质量水平和创新产品功能上下功夫。要扶持和建立一批龙头企业和民营企业，采用先进的管理手段和现代化的模式进行生产和经营，做优做强特色产业。要创新农业发展模式，鼓励城市郊区、民俗旅游区农民发展休闲观光农业、生态农业，形成农民增收新亮点。稳步深入推进农民土地确权登记和农村集体产权股份合作制改革，以"三权分置"的要求，建立健全归属清晰、权责明确、保护严格、流转顺畅的农业产权制度。在扶贫方式中，既要精准到户，也要协调区域发展，将个体贫困与县域经济的发展相联系，以县域经济的发展促进区域扶贫攻坚的升级换代。

着力推进扶贫开发，就要扎实培养内生动力。精准脱贫的核心是发挥贫困农户在扶贫开发中的主体作用，要融开发和扶志于扶贫之中，使扶贫工作从"输血式扶贫"走向"造血式扶贫"，切断贫困的代际传递渠道。要创新新型农民或新型农民工的培训方式和培训内容，做精做实农民培训工作，避免走形式、走过场的无效培训。要重视贫困地区基础教育，加大对贫困地区教学设备和教学师资的帮扶力度，着力在实现城乡教育均等化上下功夫。要引导贫困人口树立市场意识和合作意识，通过专业合作社等新型经济组织将贫困户、企业、市场联结成复合农业经营体系，形成合作共赢的利益共同体，增强贫困户发展产业的能力和信心。制定优惠扶持政策，支持在外务工人员和大中专毕业生回乡返乡创业，支持科研人员和企业事业单位以技术和资金下乡，将现代科技、生产方式和经营模式引入农村，为农业农村发展注入新要素、新动力，使之成为推进农业供给侧改革的重要力量。

着力推进扶贫开发，要切实改善贫困人口福祉。"小康不小康，关键看老乡"，要实现美丽富强的中国梦，就要给广大农村村民创造祥和的生活环境、稳定安全的社会环境、宽松开放的政治环境。在发展农村产业和增加农民收入的同时，不断加快农村教育、卫生、文化、社保等基本公共服务建设，推进城乡要素平等交换和公共资源均衡配置，实现城乡基本公共服务均等化。管理民主是推动农村建设全面协调发展的重要保障，更是衡量农村基层政治文明建设的主要标志。要继续强化参与式扶贫理念和管理民主意识，大力培养农户的主人翁意识，群众的事由群众集体商量来定、由群众自己来做、由群众自己监督，政府只做提供有效服务的"助产士"的工作，不做大包大揽的"贴身保姆"，只有这样才能有效地激发群众的参与意识、民主意识，使农村民主决策、民主管理、民主监督落到实处。

着力推进扶贫开发，要兼顾发展与生态保护。"绿水青山就是金山银山"，要坚持扶贫开发与生态保护并重的理念，绝对不能走先发展后治理的老路子。贫困地区大多生态环境脆弱，广大贫困人口生活在"一方水土养不起一方人"的艰苦地区。要建立生态保护与扶贫开发相结合的帮扶机制，将天然林保护、退耕还林、退牧还草等工程与扶贫开发相结合，通过生态补偿方式，促进农民自觉地参与到环境保护和扶贫开发之中。对于条件异常艰苦的地区，要通过移民搬迁，把这部分贫困人口就近搬迁到发展条件较好的区域，做到既保护了生态环境又从根本上解决他们的生计问题。严格控制农村区域面源污染，以农产品安全为核心，树立无公害农产品品牌。着力改变靠大量施用化肥，喷洒农药来提高农产品产量的粗放生产方式，通过实施沃土工程，推行测土配方施肥技术，推广低毒高效农药，扩大农家肥、有机肥施用面积来大力推广绿色农业。大力推进健康养殖，科学划定畜禽禁养区域，鼓励建设生态养殖场和养殖小区，通过畜禽粪便无害化处理，实现养殖废物的减量化、资源化、无害化。

着力推进扶贫开发，要惠及最困难的人群。"在扶贫的路上，不能落下一个贫困家庭，丢下一个贫困群众。"农村生活最困难的主要是部分因病、无劳力和无技术的人，没有外界力量的帮扶，靠自身力量无法摆脱困境，就需要通过低保政策，用政策性兜底来解决这部分丧失劳动能力、无法通过产业扶持和就业帮助实现脱贫的贫困人口。在逐步提高农村低保标准的基础上进一步调整农村低保政策，尽快实施差额救助政策，即按低保家庭人均收入与当地低保标准的差额部分进行救助，切实改变农村低保发放大锅饭问题，根本解决"平均救济"造成的不公平问题。要进一步细化贫困户的医疗救助措施，加大对因病致贫、因病返贫人口的救助力度，将扶贫工作重点放在门诊医疗费用和慢性病、地方病的防治上。要开展贫困地区地方病和慢性病普查工作，对患大病和慢性病的农村贫困人口进行分类救治。选择疾病负担较重、社会影响较大、疗效确切的大病进行集中救治，制定诊疗方案，明确临床路径，控制治疗费用，减轻贫困大病患者费用负担。充分利用扶贫大数据平台，为贫困人口建立动态管理的电子健康档案，建立贫困人口健康卡，推动基层医疗卫生机构为农村贫困人口家庭提供基本医疗、公共卫生和健康管理等医疗综合服务。

以生态建设促民生福祉是
新甘肃发展的全新举措

大陇客

2017年5月22日，甘肃省第十三次党代会在兰州开幕。林铎同志在大会报告中提出，动员带领全省各级党组织、广大党员和各族人民，更加紧密地团结在以习近平同志为核心的党中央周围，不忘初心，继续前进，努力同全国一道全面建成小康社会，为加快建设经济发展、山川秀美、民族团结、社会和谐的幸福美好新甘肃而努力奋斗。

宏伟的事业需要美好的愿景凝聚人心。建设山川秀美新甘肃，是中国梦甘肃篇章的鲜活表达，是陇原儿女对美好生活向往的集中体现，是今后一个时期全省发展的总愿景。这新甘肃的幸福美好要想实现，除了要转变经济发展方式、推动科技创新、打赢脱贫攻坚战和保障民生外，同样不能忽视生态文明的建设。生态文明建设关系着陇原人民的长远利益，能给子孙后代留下天蓝、地绿、水净的美好家园。所以，建设幸福美好新甘肃，"生态"的护航需要跟上，而且一点都不能马虎。

从宏观层面来看，甘肃作为西部的一个重要省份，是我国西北地区重要的生态屏障，其在保障国家生态安全中具有重要的地位和作用。可以说，搞好甘肃的生态建设，不仅会惠及每一个甘肃人，提升整个甘肃的生态品格，更是在为西部地区甚至是国家的生态安全保驾护航。让可持续的健康发展真正落实到我们广大的西部地区，让生态文明在甘肃生根发芽，使绿水青山真正与金山银山相伴相随。

习近平总书记在甘肃调研时曾指出，着力加强生态环境保护，提高生态文明水平，筑牢西部生态安全屏障。总书记的指示为甘肃的生态建设指明了大方向。正确的格局构建好之后，接下来的便是在如下方面的具体落实与行动：加大生态保护力度、进行严肃整治、探索新的健康发展模式、做好制度设计与规范。这几个方面，便是"生态"护航的具体表现，需要进一步的细化与明确。

具体而言，首先要加强生态系统修复和保护，严格落实主体功能区战略，推进国家生态安全屏障综合试验区建设，加快推进山水林田湖生态保护和修复重大工程，加大祁连山等自然保护区生态环境破坏问题整治、修复和保护力度，全面推行河长制，提升自然生态系统稳定性和生态服务功能等。而整治方面，则要加大环境风险和污染防治力度，比如，实行最严格的环境保护制度，构建政府、企业、公众共治的环境治理体系，加快推进工业企业清洁生产和污染治理，加大农村面源污染治理力度，确保人民群众喝上干净的水、呼吸清新的空气等。

其次，推动绿色循环低碳发展，建立健全生态文明制度。加快发展绿色金融，培养和形成绿色消费、低碳生活的社会风尚，建立绿色循环低碳发展产业体系，积极创建节约型社会；坚持把生态文明建设纳入法治化、制度化轨道，构建产权清晰、多元参与、激励约束并重、系统完整的生态文明制度体系，严格落实环境保护党政同责、一岗双责、生态环保"一票否决"制度；建立环境违法行为有奖举报制度，真正做到用制度保障西部生态安全屏障。

习近平总书记指出："要坚持把增进人民福祉、促进人的全面发展、朝着共同富裕方向稳步前进作为经济发展的出发点和落脚点，部署经济工作、制定经济政策、推动经济发展都要牢牢坚持这个根本立场。"并将生态与生命等量齐观，强调："环境就是生命、青山就是美丽、蓝天也是幸福。要像保护眼睛一样保护生态环境，像对待生命一样对待生态环境，把不损害生态环境作为发展的底线。"因此，山川秀美新甘肃是习近平总书记治国理政新理念新思想新战略在甘肃的落地开花，也是中国梦在甘肃的具体映照，凝聚了陇原儿女的共识和愿景，其内核宗旨就是生态发展、民生福祉。

甘肃省第十三次党代会提出的大局观与细节化相结合的这一揽子措施，是对习近平总书记相关指示的用心践行，体现了甘肃在生态方面发力建设幸福美好新甘肃的决心、信心与责任心。陇原人民在"人一之我十之，人十之我百之"为核心的甘肃精神引领下，正在开启奋力书写中国梦甘肃篇章的新征程。

旗帜鲜明支持干事创业

杨　恒

　　甘肃省第十三次党代会为今后五年党风廉政建设和反腐败斗争制定了"作战图"和"任务书"。林铎同志在省第十三次党代会上指出："办好甘肃的事情，关键在加强党的建设和领导，营造风清气正的政治生态和干事环境。"作为省纪委派出纪检机构，学习贯彻党代会精神，必须强化监督执纪问责，服务改革发展稳定。当前要着重抓好以下四个方面的工作：

　　第一，要在澄清事实保护干部上花气力，营造"想干事"的氛围。澄清保护干部是当前纪检监察机关监督执纪的重要任务，是营造风清气正政治生态的现实需求，必须迎难而上，勇于担当，支持监督单位党组织匡正风气。

　　第二，要在把握政策容错纠错上下功夫，营造"敢干事"的氛围。当前，推动监督单位党组建立容错纠错机制，已成为提高纪检机关执纪问责能力、服务改革发展稳定、提振干部士气的重要课题，必须下大气力探索实践。

　　第三，要在紧盯重点整改提高上求实效，营造"真干事"的氛围。加强对思想政治建设、推动改革发展、营造风清气正政治生态的监督，是纪检机关和派驻机构的重要政治责任。

第四，要在坚决查处为官不为上动真格，营造"要干事"的氛围。严查为官不为是省十三次党代会给纪检监察机关部署的重要任务，派驻机构要积极主动，勇于落实。

干部说到底是人民公仆，勤政廉政是为官立身之本，理应为官一任，造福一方。若任内无建树，事业无发展，辜负组织和人民期望，被问责是必然选项。派驻机构既要协同监督单位党组织把好脉、点好穴，主动问责，也要全方位、多角度抓好为官不为典型案例警示教育，鼓励党员干部撸起袖子加油干。

俗话说：为官避事平生耻。身在岗位不作为，拿着俸禄不干事，庸政懒政怠政，也是一种腐败。对腐败就要查处问责。要抓早抓小，及时启动提醒与约谈、函询与诫勉、处分与调整，该撤的撤，该降的降，真正问到痛处，责到实处。

持续改善民生，
增强陇原人民获得感和幸福感

程司航

2017年5月22日，中国共产党甘肃省第十三次代表大会在兰州开幕。林铎同志在报告中提出，动员带领全省各级党组织、广大党员和各族人民，更加紧密地团结在以习近平同志为核心的党中央周围，不忘初心，继续前进，努力同全国一道全面建成小康社会，为加快建设经济发展、山川秀美、民族团结、社会和谐的幸福美好新甘肃而努力奋斗。

古人对于理想社会的想象，充分体现在《礼记》的一段话中："大道之行也，天下为公，选贤与能，讲信修睦……使老有所终，壮有所用，幼有所长，矜、寡、孤、独、废疾者皆有所养……"千百年世事变迁，人民群众对生活最朴素的期盼却从未改变，概括起来都不外乎学有所教、劳有所得、病有所医、老有所养、住有所居等，或者用一句话来说就是"过上更好生活"。

"过上更好生活"是人民的愿望，践行好以人民为中心的发展思想则是每一位党员干部做好一切工作的基础。也正是在这个意义上，习近平总书记强调，人民对美好生活的向往就是我们的奋斗目标。因此，保障和改善民生必须成为全体党员干部一切工作的出发点和落脚点，而只有民生问题的持续改善，才能不断增强人民群众的获得感和幸福感。

过去的五年里，在改善民生上，全省各级党组织、广大党员和各族人民齐心协力、共同奋斗，使得就业人口和城乡居民收入不断增加，教育事业获得全面发展，公共卫生服务能力不断提升，社会保障体系不断健全，保障性安居工程建设和农村危房改造步伐不断加快。

成绩的背后仍然是必须直面的问题，对此，广大党员干部有着清醒的认识：城乡居民收入水平仍然较低，城乡区域公共服务资源配置不均衡问题比较突出，社会治理存在不少薄弱环节，治理体系和治理能力现代化水平亟待提升，贫困面大、贫困程度深也使得越往后脱贫难度越大，脱贫攻坚任务愈加艰巨繁重。

正是因为有了对问题的清醒认识，才有了对目标的清晰设定——在未来五年奋斗目标的设置上，社会民生问题也被放在了极为重要的位置：人民群众生活质量要不断提升，城乡居民收入增速要高于全国平均水平，基本公共服务达到全国平均水平，要实现现行标准下农村贫困人口如期脱贫、稳定脱贫，贫困县全部摘帽，解决区域性整体贫困……

清醒的问题认知、清晰的目标导向、强烈的责任意识、高昂的奋斗激情，这一切，都在报告中得到了淋漓尽致的体现。从中，我们可以看到改革开放进一步深入背景下甘肃人民的危机意识和进取精神，可以看到"一带一路"倡议落地实施的背景下陇原人民融入世界的梦想与努力，也可以看到全面建设小康社会背景下甘肃人民对美好生活的向往与渴望。

实际上，从严治党、发展经济、改革创新、科技进步、精准扶贫、环境保护、社会治理……这些报告中着墨的每一个领域的发展，最终所指向的，都是人民群众的生活。习近平总书记"八个着力"的指示，就是希望甘肃在经济社会全面发展的基础上，实现关系人民群众切身利益和感受的社会民生问题的改善，实现人民群众生活的和谐与幸福。

坚持以人民为中心的发展思想，把造福陇原人民作为检验工作成效的标尺，积极推动协调发展和共享发展，使改革发展成果更多更公平地惠及全体人民，人民群众的获得感和幸福感就会不断增强，经济发展、山川秀美、民族团结、社会和谐的幸福美好新甘肃就一定会在不远的将来渐渐变为现实。

全心全意为人民服务

嘉峪关市网信办

　　党的十九大开幕会上，习近平总书记在报告中讲道，"中国共产党人的初心和使命，就是为中国人民谋幸福，为中华民族谋复兴"。这句话彰显了中国共产党从没忘记"全心全意为人民服务"的初心。3 万多字的报告中，就有逾 200 次提到"人民"二字。如此高的频率，对于一个执政党来说，意义非凡，体现了中国共产党始终以人民利益为核心的价值取向，"人民"二字在中国共产党人心中的分量，比石头沉，比泰山重。

　　我们看到，党的十八大以来我国经济社会取得了重大成就。脱贫在推进：在精准扶贫的指引下，7000 多万贫困人口中已经有 2700 万摆脱贫困，向着更好的生活奋力奔跑。均等在深化：教育资源均等化，缓解了"择校热"的老问题，上大学的机遇也一再向中西部特别是农村地区倾斜。公平在普惠：2013 年以来，城乡居民收入年均增长 7.4%，实现了与 GDP 增长基本同步；收入差距逐步缩小，基尼系数从 2013 年的 0.473 下降到 2016 年的 0.465。民生细节在夯实：全面二孩政策落地，医改向纵深发展，以政府为主满足基本保障、以市场为主满足多层次需求的住房供应体系逐步建立……想群众之所想、急群众之所急、解群众之所困，以习近平同志为核心的党中央始终强调并践行"人民立场"这一中国共产党的根本政治立场，由此也支撑起了每一个中国人美好生活的四梁八柱。

"乐民之乐者，民亦乐其乐；忧民之忧者，民亦忧其忧。"世界上没有一个政党像中国共产党这样，形成了一条"一切为了群众，一切依靠群众，从群众中来，到群众中去"的群众路线。

党的十九大报告把"坚持以人民为中心"列在十四条新时代坚持和发展中国特色社会主义基本方略的第二条，强调体现了人民意志、保障了人民权益、激发了人民创造活力，用制度体系保证了人民当家做主。这样的政党，人民怎么不爱戴！

人民是历史的创造者，是决定党和国家前途命运的根本力量。全心全意为人民服务，始终是中国共产党人的初心，只有坚持这颗初心，时刻不忘人民，才能走得更远，不断铸造中华民族的新辉煌。党员干部要扮演好"人民公仆"的角色，在新征程中乘风破浪、敢拼敢闯、锐意进取、埋头苦干，时刻把全面建成小康社会的使命扛在肩上，撸起袖子、握紧拳头、扑下身子，扎扎实实地为群众解难事、办好事，为决胜全面建成小康社会、夺取新时代中国特色社会主义伟大胜利、实现中华民族伟大复兴的中国梦而不懈奋斗。

锻造忠诚干净担当的干部队伍

李海默

实现中华民族伟大复兴的中国梦、建设幸福美好新甘肃，离不开党员干部队伍的锐意进取和示范引领。深入推进全面从严治党，其目的就是要锻造一支忠诚干净担当的干部队伍。

用坚定的信仰凝心聚力。崇高的理想信念，是共产党人的立身之本和前行动力。加强干部队伍建设，必须高扬理想信念的旗帜，不断激发内生动力，增强抵御各种风险和诱惑的定力。要坚持不懈强化理论武装，毫不放松强化党性教育，引导党员干部深入学习马列主义、毛泽东思想、邓小平理论、"三个代表"重要思想、科学发现观，深入学习习近平总书记系列重要讲话精神，以理论的清醒保持政治的坚定，及时清除自身的精神污垢，克服内心的摇摆彷徨，依靠信仰的力量使自己从贪婪中摆脱出来，从低俗的观念中提升出来，从落后的封建迷信中解放出来，永葆共产党人的先进性和纯洁性。

用严明的纪律规范言行。严明的纪律是一个政党意志的集中体现，更是其凝聚力和战斗力的重要保证。要坚持以党章为根本遵循，认真落实《关于新形势下党内政治生活的若干准则》，增强党内政治生活的政治性、时代性、原则性、战斗性。要认真学习并严格遵守党规党纪，真正使纪律和规矩内化于心、外化于行。教育引导党员干部守住底线、不越红线，自觉做到党中央提倡的坚决响应、党中央决定的坚决执行、党中央禁止的坚决不做。要习惯在监督中干事，学会在约束下生活，用遵规守纪、勤政廉洁的模范言行引领广大群众开拓进取。

用良好的作风取信于民。作风问题事关各项事业的兴衰成败。要大力加强思想作风、学风和工作作风建设，教育引导党员干部进一步解放思想、转变观念，着力解决只求过得去不求过得硬、工作严细深实不够的问题，树立敢为人先、求真务实、开拓进取、精益求精的意识。要不断强化党员干部的宗旨意识和服务意识，拓展联系渠道、改进方式方法，进一步密切同人民群众的血肉联系。要深入贯彻中央八项规定精神，坚决克服和纠正群众深恶痛绝的"四风"问题，以良好的干部作风激浊扬清、成风化俗，赢得人民群众的信任。

用有力的惩处形成震慑。强力反腐是最有效的预防，严肃问责是最管用的推动。要坚持挺纪在前、抓早抓小、动辄得咎，认真践行监督执纪"四种形态"，真正用严管体现厚爱。要坚持零容忍、全覆盖、无禁区，紧盯权力集中、资金密集、资源富集的重点部门和岗位，严查领导干部违纪违法行为，严查侵害群众利益的不正之风和腐败问题，实现惩治极少数、警示大多数、教育全体党员干部的目的。要坚持有责必问、问责必严，以严格的监督检查和严肃的责任追究维护党纪国法的权威性和神圣性。

用先进的文化涵养心灵。文化是民族的血脉，是人民的精神家园。要深入学习中国优秀传统文化，丰富心灵，升华境界，培养修齐治平的家国情怀和先苦后乐的为民精神。要充分传承中国共产党在艰苦卓绝的奋斗历程中孕育的革命文化，用代代相传的红色基因激励斗志、提振精神，使党员干部在新的历史征程中，更加朝气蓬勃、充满自信。要大力弘扬以爱国主义和改革创新为核心的社会主义先进文化，不断增强党员干部的担当意识、责任意识和进取精神、创新精神，努力创造无愧于党和人民、无愧于时代的业绩。

"五个一百"评选活动是中国好网民的司南

罗竖一

2017年5月5日，亿万网民关注的2016年度"五个一百"网络正能量精品评选活动正式进入网络展示投票阶段。

实际上，在2014年2月27日，中共中央总书记、国家主席、中央军委主席、中央网络安全和信息化领导小组组长习近平，就于中央网络安全和信息化领导小组第一次会议上明确指出："做好网上舆论工作是一项长期任务，要创新改进网上宣传，运用网络传播规律，弘扬主旋律，激发正能量，大力培育和践行社会主义核心价值观，把握好网上舆论引导的时、度、效，使网络空间清朗起来。"

其后，习近平更进一步明确强调："构建良好秩序。网络空间同现实社会一样，既要提倡自由，也要保持秩序。自由是秩序的目的，秩序是自由的保障。我们既要尊重网民交流思想、表达意愿的权利，也要依法构建良好网络秩序，这有利于保障广大网民合法权益。网络空间不是'法外之地'。网络空间是虚拟的，但运用网络空间的主体是现实的，大家都应该遵守法律，明确各方权利义务。要坚持依法治网、依法办网、依法上网，让互联网在法治轨道上健康运行。"

显而易见，由国家互联网信息办公室指导，中国互联网发展基金会主办，人民网、央视网、中国新闻网、中国青年网、环球网五家中央新闻网站承办，其他中央新闻网站、地方重点新闻网站及主要商业网站参与协办的"五个一百"评选活动，正是积极贯彻落实以习近平为核心的中共中央之有关网络舆论、网络安全等方面的指示精神。

"五个一百"评选活动所彰显的"网聚正能量，共绘同心圆"，既是当今中国社会之必需，也完全合乎亿万中华儿女之民意。换言之，当下的中国社会，非常需要"网聚正能量，共绘同心圆"。

是故，"五个一百"评选活动是中国好网民的司南。亿万网民不仅是为其中的参评者投票，还从"五个一百"评选活动中取长补短吸收能量。"五个一百"评选活动全力鞭策、支持每一个中华儿女成为中国好网民，助力中华民族伟大复兴之中国梦的早日实现。

我们能从"胡麻岭隧道"中学到什么

屠国玺

　　兰渝铁路胡麻岭隧道贯通的消息，最近在网络刷屏。这个隧道为何能引发如此多的关注，引发这样大的社会反响呢？

　　因为它既重要又关键。

　　一说到兰渝铁路，许多人都会想到通车之后的情形：上午在兰州吃个香喷喷的牛肉拉面，下午就可以在重庆吃上热辣辣的美味火锅。但这条铁路更为重要的是在我国西北与西南地区之间形成一条便捷快速的大能力运输通道，它不仅是沿线数百万群众期盼的"脱贫致富路"，更是国家实施"一带一路"倡议的重要支撑项目。兰渝铁路建成通车后，从西南到西北的火车运距可以缩短近700千米，多列中欧班列将不再需要绕行，运输时间和成本将大大减少。

　　这条铁路如此重要，所以从2008年9月开工后，其进度就一直备受关注。然而，由于其所经地区地震、暴洪、泥石流灾害多发，地质条件复杂、施工难度极大，工程一再延期。特别是在甘肃段的修建过程中，遇到了一系列超出预期的"世界难题"，让兰渝铁路成为我国迄今为止业界公认最复杂的山区铁路，而胡麻岭隧道就是其中最典型的代表。

　　胡麻岭隧道在修建过程中遇到第三系富水粉细砂层地质，专家形容在这种地质条件下施工就像是"在软豆腐中打洞"，整个施工过程更是一种煎熬：全长13千米多的隧道，前两年就修到了只剩163米，可是其后发生的大面积溜塌、突涌，让隧道施工陷入停滞，似乎找不到什么好的解决办法。

国内外几十批次的顶级专家前来会诊，但一次次都试验无果。在铁路隧道施工中享有盛誉的德国专家，专门自带顶级设备和施工团队到胡麻岭应战，但试验几次都没有成功，撤离时认为"不可能在这种地层中打隧道"。

怎么办？大家都认为要打通胡麻岭隧道是一件不可能的事，难道要放弃？但这是兰渝铁路最后一个需要贯通的隧道，是全线的控制性工程，不能退缩。此后，我国的铁路施工者展开"拉锯战"，经过艰苦的探索和攻坚，终于寻找到了新的施工方法作业。攻坚6年，最终拿下了这163米，使兰渝铁路全线通车进入最后阶段。

如此冗长的叙述，无非是想说明胡麻岭隧道引发关注的另一个层面——那种遇到极大困难和重大挫折时，不断尝试、越挫越勇的精神。只有通过不断努力探索新办法，才能让不可能变成可能。办法总比问题多。

当前，甘肃省正处在一个发展的关键期，不管是脱贫致富奔小康，还是经济发展谋转型，都存在许多和胡麻岭隧道一样高难度系数的问题和困难。由此类比，我们甘肃省以党政干部为主体的"施工者"，是把困难当借口，以条件差为挡箭牌，原地踏步被动等待，还是学习胡麻岭隧道施工过程中的攻坚克难精神，答案不言自明。

致魏祥：人生实苦，有爱不孤

胡欣红

　　近日，微信公众号"大美甘肃"发表了一篇题为《一位甘肃高分（648分）考生的请求》的文章。请求来自"苦甲天下的甘肃定西"高三考生魏祥，定西一中的高三毕业生。他先天性脊柱裂、椎管内囊肿，出生后双下肢运动功能丧失，更不幸的是下岗多年的爸爸又早逝，只有坚强的妈妈陪着残疾但优秀的儿子一路求学，直至考上清华！他希望清华大学能提供一间宿舍，能让他和母亲一同前往，方便他顺利完成大学学业。

　　看到魏祥的请求信后，清华大学相关部门立即展开行动，为魏祥母子准备好宿舍，在清华就读期间母子住宿费全免，并且清华招办还通过微信公众号回了一封情真意切的信："不幸的人生，各有各的悲苦。但万幸的是，你在经历疾病和丧亲之痛后，依然选择了坚强和努力，活成了让我们都尊敬和崇拜的样子……对于你来说，来路或许不易，命运或许不公，人生或许悲苦，但是请你足够相信，相信清华，相信这个园子里的每一位师生，因为我们都在为一种莫名的东西付出，我想这应该就是情怀……"字里行间饱含着鼓励与关怀，赢得一片赞誉！

　　一纸书信，何以如此暖心？关键就在于它传递了教育的温度，彰显了大学的精神。清华大学的积极回应，无疑是对清华"自强不息，厚德载物"校训的最好诠释。这样身残志坚的学生，在清华已经不是第一位了。2017年已经在清华攻读研究生的矣晓沅，自幼患上类风湿性关节炎致残，也是在母亲的陪伴下完成了清华四年的本科学习，而且还拿到了清华学霸才能享受的特等奖学金！

众所周知，大学是社会的精神高地，担负着引领思想之神圣职责。一封给残疾考生的公开信，不仅昭示了高校招生越来越人性化，越来越具有人情味，更让人感受到大学的包容与胸怀。清华之能，并不完全在于吸引多少高考"状元"，对残疾考生的关怀，更能彰显清华之格局！

从某种意义上讲，这也是一次成功的品牌营销，在竞争异常激烈、"酒好也怕巷子深"的时代，关怀残疾考生的重要性不亚于教学质量本身。一封给残疾考生的公开信，几乎不需要任何成本，但合适的时机节点所做出的合适举措，却起了四两拨千斤之功效，令人倍感暖心。更重要的是，此举还向社会传递了正确的价值观，尤其是对于正处在价值观形成期的孩子来说，其意义更加非同凡响。

"相信未来的你，也会和活跃在各领域的清华学子们一样，穿花拂叶，除却一身困顿，成就自己的不同凡响。"人生实苦，有爱不孤！

用好财政资金，搅活一池脱贫"春水"

杨生祥

　　党的十八大以来，省委、省政府深入贯彻习近平总书记扶贫开发重要战略思想，坚持把脱贫攻坚作为全省的"一号工程"，打出一套政策措施"组合拳"，贫困地区生产生活条件大幅改善。为了让扶贫资金实实在在花在贫困群众身上，我省财政部门发挥职能，强化预算执行管理，努力破解扶贫资金短缺、投入不足的瓶颈，提高民生支出绩效，并充分挖掘存量资金潜力，切实发挥好扶贫等公共资金保民生、"兜底"的重要作用。

　　扶贫工作不仅是资金的问题，但是，很多问题却必须有资金才能解决。在扶贫工作的每个阶段，资金投入都是打赢脱贫攻坚战的基本保障。在这些投入中，财政投入发挥着主体和主导作用。5年间，甘肃先后推出精准扶贫专项贷款等多种扶贫专属产品，累计发放贷款1046亿元。

　　不过，即使是财政宽裕的省份，也不可能完全靠财政投入，从根本上解决脱贫问题。甘肃省财政部门清醒地认识到，作为经济欠发达省份，财力有限、资金不足是脱贫攻坚的最大瓶颈，因此更注重在创新资金投入方式上下功夫，让有限的资金发挥最大的作用。具体做法是，着重于改革资金投入方式，把过去条块分割、分散管理的财政资金集中使用，大幅度减少直接投入、无偿使用，以贴息、担保、风险补偿、设立各类基金为支点，撬动金融和社会资本，放大财政扶贫资金。

用好财政资金，最上乘的功夫是"四两拨千斤"，最高效的手段是利用一个支点，撬动一片天地。既然贫困人口的生产生活属于社会整体生产生活的一部分，那么，脱贫攻坚工作也就是一个关系到经济社会生活整体的大事，需要动员全社会的力量参与其中，并使各方力量实现良性互动。创新财政资金的投入方式，通过财政资金的投入带动社会资金进入扶贫领域，发挥社会资金参与扶贫的积极性，进而增强全社会对脱贫工作的关注和参与，这对扶贫工作的开展是非常有利的。

本着"缺什么补什么，什么弱扶什么"的思路使用扶贫资金，是对贫困人口的关爱与尊重；审批权限完全下放到县，由县级政府依据脱贫攻坚规划自主安排使用，体现的是对县级政府信任和对其自主权的尊重。由尊重而生发的，是贫困人口和基层政府的积极性和主动性，体现的是扶贫资金使用的"精准"化和高效化。

当然，精准与高效需要健全的制度和机制做保障，需要严格的监督为资金的使用保驾护航。"权责匹配、精确瞄准、突出重点、公开透明"的工作原则，多项制度办法的出台，相关部门的全程跟踪，对资金使用的专项检查和问题排查，这一切的目的，都是为了让扶贫资金发挥最大作用。

用好财政资金，搅活一池扶贫"春水"；创新资金使用方式，激发全社会积极参与；精准投放，让每一笔资金都发挥最大效用；制度保障，让资金使用透明、高效，扶贫队伍风清气正——甘肃财政人书写的答卷上，是一个大写的"责任"，它必将刻进精准扶贫工作的史志中，也必将绽放在脱贫群众的笑脸上。

"民生财政"提升群众获得感

杨生祥

　　甘肃省始终坚持把保障改善民生作为经济发展的根本出发点和落脚点，各级财政部门积极调整支出结构，努力让广大人民群众得到更多看得见的实惠。财政资金来源于民，必须用之于民，将每一分钱都花在"刀刃上"。让民众获得更好的社会福利，亦是社会经济发展目的所在。2015—2016财政年度，全省农业、教育、文化、社会保障、医疗卫生、交通运输和住房保障等10类民生支出累计2485亿元，占全省财政支出总量的78.8%，充分体现出以民为本的财政理念。

　　发展经济要确保全民受益，不能让一个人掉队，做好精准扶贫工作，消灭贫困人口，完成扶贫战略目标，是当前政府工作的一件大事。扶贫需要财政支持，我省财政部门聚焦省委、省政府脱贫攻坚一号工程，加大财政专项扶贫资金投入。2015—2016年，全省扶贫专项投入达到94亿元，增长50.2%；累计发放精准扶贫专项贷款434亿元，惠及94.6万户、398.2万贫困人口。专项扶贫资金迅猛增长，精准扶贫成绩显著，有效帮扶贫困人口，为完成精准扶贫任务奠定牢固基础。

　　教育是百年大计，发展社会经济，首先就要以人为本，把教育工作抓好，为社会培养人才，为国家输送人才，让知识改变个人命运。这就需要政府和社会共同努力，将教育投入放在首要位置。我省坚持教育事业优先发展战略，统筹推进文化体育旅游产业发展。2015—2016年，全省教育支出较上年增长16.9%，连续6年成为全省第一大公共财政支出。2017年继续落实全省学前教育幼儿免保教费、贫困县乡村中小学及幼儿园教师生活补助、中职学生免学费及助学金政策，推进兰州新区职教园区、甘肃中医药大学等建设。

社会保障和医疗保障是民生根基所在，长期以来，我国在这方面投入不足，历史欠账较多，民众承担的相关费用较高，导致家庭负担过重。这就需要加大投入力度，降低民众负担，让民众可以轻装上阵。2016年，全省社会保障和就业支出年均增长11.6%，医疗卫生和计划生育支出增长15.9%。2017年继续追加投入，城乡居民医疗保险财政补助年人均由420元提高到450元，基本公共卫生服务人均经费标准从45元提高到50元。

要想富先修路，搞好交通基础建设，可以提高社会运行效率，促进经济发展。甘肃位于"一带一路"枢纽环节，从古至今，都是丝绸之路的核心部分。我省抓住"一带一路"历史机遇，加大对交通运输方面的投入，改善交通设施网络，助力战略发展规划实施。2016年，全省交通运输支出495.8亿元，加快推进省内公路、铁路、机场等重大项目建设。

住房是每个家庭的头等大事，在家庭财产中占比较大，近年来房价上涨过快，低收入群体面临住房难题，需要政府托底保障基本住房问题。我省加大住房保障投入，2016年住房保障支出较上年增长4.1%，重点支持保障性安居工程、棚户区改造等项目落实，有效缓解了低收入群体的住房压力，改善居住环境，为民生纾困。

财政支出关系到每个人的切身利益，政府要以民生为优先，解百姓之所急。2017年我省加大投入力度，着力支持解决人民群众就学、就医、就业、救助、养老、住房、饮水、交通等民生问题，加大对革命老区、民族地区和贫困地区的支持力度。让所有人都能分享社会经济发展红利，让财政为民生托底，带动民众走向共同富裕，是"民生财政"的重要目标。

真正筑牢生态文明建设安全屏障

王怡璇

"生态兴则文明兴，生态衰则文明衰。"习近平总书记的这一著名论断，有对文明变迁的历史反思，也有对当今发展的现实指向。

在绿色发展理念提出后，"先污染、后治理"甚至"已污染，未治理"等一些错误观念和做法是否还有市场，是否还在延续？甘肃的声音非常鲜明：坚决落实正确导向，切实筑牢生态安全屏障。

甘肃是国家确定的西北地区乃至全国的重要生态安全屏障，这是我省在全国工作大局当中的一个战略定位。中央决定在全国通报祁连山生态环境破坏问题，充分体现了以习近平同志为核心的党中央推进生态文明建设、实现中华民族永续发展的坚强意志和决心，充分体现了党中央、国务院对甘肃特别是祁连山地区生态环境保护工作的高度重视和殷切期望。甘肃省委书记、省人大常委会主任林铎近日强调，全省上下要坚决拥护、认真贯彻中央决定和中办、国办《通报》精神，从政治和全局高度充分认识祁连山生态环境问题的严重危害性，以更坚决的立场、更有力的举措、更扎实的作风，全力抓好祁连山和全省生态环境保护建设工作。祁连山生态环境遭到破坏，充分说明"四个意识"树得不牢固、政治站位不够高，新发展理念贯彻不充分、正确导向落实不够坚决，主体责任履行不到位、担当作为不够有力，职能作用发挥不得力、审核把关不够严格。全省上下必须深入学习贯彻习近平总书记系列重要讲话精神和治国理政新理念新思想新战略，深入学习贯彻习近平总书记有关重要批示精神和视察甘肃时做出的"八个着力"重要指示精神，以祁连山国家级自然保护区生态环境问题为典型案例，深入反思检讨、深刻吸取教训，知错就改、知耻奋进。

"良好生态环境，是最公平的公共产品，是最普惠的民生福祉。"生态文明建设不仅是个经济发展问题，"这里面有很大的政治"。要提高政治站位，坚持以习近平总书记生态文明建设重要战略思想为指引，把生态文明建设摆在更加突出的战略位置，将新发展理念贯穿到生态环境保护的全过程，切实承担起祁连山生态环境保护的主体责任，以实际行动维护以习近平同志为核心的党中央权威和集中统一领导。要坚决抓好落实，以应有的政治意识和觉悟，拿出果断的态度和行动，实化具体工作，盯紧时序进度，体现较真碰硬，传导责任压力，严格把关验收，扎实有力推动祁连山生态保护和修复，确保祁连山生态问题整改到位。

落实甘肃省在全国工作大局中的生态战略定位，不仅需要改善和加强祁连山地区生态建设，而且要坚持全省"一盘棋"，各地各部门都应该立即行动起来，把生态建设作为一项重要任务，扎实工作、整体攻坚，促进生态环境质量不断改善。

我省生态具有战略性和脆弱性特征，祁连山地区、黄土高原区、黄河上游水源涵养区等对全国生态都具有战略意义，而且这些地方生态基础薄弱、历史欠账较多，很容易遭受破坏。这就要求要"像保护眼睛一样保护生态环境，像对待生命一样对待生态环境"，牢固树立"生态保护第一"的观念，把生态文明建设当作事关全局和永续发展的重大战略，下决心把环境污染治理好，把生态环境建设好。

生态建设有其自身的规律，不掌握科学的路径和方法，抓起来就会事倍功半甚至事与愿违。习近平总书记围绕推进生态文明建设提出了一系列重要理念和要求，指出"建设生态文明，首先要从改变自然、征服自然转向调整人的行为、纠正人的错误行为"，"要坚持预防为主、综合治理、实施重大生态修复工程，增强生态产品生产能力"，"要自觉推动绿色发展、循环发展、低碳发展，决不以牺牲环境为代价去换取一时的经济增长"。这些重要论述和要求，既包含深刻的认识论也包含科学的方法论，只有认真学习领会好，并将之作为生态文明建设的基本遵循和指引，对照完善工作思路和办法，找准突破口和切入点，才能确保生态文明建设沿着正确的方向和轨道前进。

生态文明建设，最直接的获益者，当是我们每一个人。加强生态环境保护与建设，责任重大，任务艰巨，容不得有丝毫懈怠。要切实把"山川秀美"作为建设幸福美好新甘肃的重要内涵，并为之不懈奋斗。

"绿水青山就是金山银山。"可以想见，在党中央和省委的坚强领导下，生态文明建设的美好图景，会越来越清晰地展现在人们面前。

西部热土，让创客梦想花开

张楠之

如果把时光往前推二三十年，当年轻人创业的激情与梦想还在改革开放之初的东部燃烧之时，恐怕很难想象西部有一天也会成为创业的热土。但是，时间走到今天，西部的发展已经今非昔比，西部的创业环境也已与当时不可同日而语。

2017年7月7日，2017中国西部创客节在兰州开幕。创客节是兰洽会的一项重要大型活动，旨在强化创新引领，促进新动能快速成长，深入推进"互联网+"行动和国家大数据战略，贯彻落实双创政策，完善双创措施。

从创客高峰论坛的主题中即可见一斑："兰州借势'一带一路'，推动西部发展""特朗普时代的中国机遇""前沿人工智能技术在产业发展上的关键应用与未来展望""重塑人类未来——大数据背景下的智能机器人""依托云计算、大数据推动甘肃产业转型升级""行业云激发商业创新""共享经济对传统行业带来的改变和颠覆"……

从"一带一路"到中国机遇，从人工智能到大数据，从云计算到共享经济，这里的论坛所讨论的话题，与东部类似的论坛无异；这里的人们关注的事物，与东部发达省份的人们无异；这里对创业、创新的期待和鼓励，与东部社会无异；这里年轻人的梦想和对实现梦想的渴望，与东部的年轻人无异——这里是国土的西部，但在由互联网联结起来的世界里，它与这个世界的任何一个地方一样，都触手可及。

这里从不缺乏创业的梦想。自古以来，这里就是梦想交汇之地，一代代充满冒险精神的人们，伴着马蹄声、驼铃声或者自己的脚步声，从东方而来经由这里走向西方，或者从西方而来经由这里走向东方。梦想开花的同时，也连通了东西方的世界，播撒下友谊的种子，促进了文明的交流融合。

一代一代的人在这里繁衍生息，洒下汗水，立业成长。与古丝绸之路上单枪匹马的梦想创客不同的是，今天的创客们置身其间的创业环境有着前所未有的优势——

这里承载着国家西部大开发的战略，亦承载着国家"一带一路"的伟大倡议，处于丝绸之路经济带的黄金地段，这些设想的落地生根成为活生生的现实，需要包括创客们在内的无数人一步一个脚印的实践、一点一滴的努力和创新与智慧的交汇；

党中央、国务院"大众创业、万众创新"的号召深入人心，创客们面对的是一个对创业、创新充满期待的环境，是一个对"试错""出格"表现出极大宽容的环境，是一个向梦想致敬的环境；

从中央到地方一系列鼓励创业创新政策的出台，天使投资对西部创业的青睐，各类创业基金对西部创业的支持力度的加强，基础设施建设的改善，这些也都为创业激情的燃烧提供了无尽的动力；

在互联网无处不在的世界，"互联网+"正在一切领域与一切行业发生联系，有大数据做支撑，有共享经济，有脑洞大开的科技，有与世界零距离联通的便利，创客们需要的只是激情、智慧和坚持的毅力。

创客节为创客们打造了一个激情的舞台。

东风已备，只等你扬起梦想的帆，便可远航。

成就自己，成就西部这片热土，也成就我们共同的"中国梦"。

"一带一路"助推中国西部走向开放新高度

张楠之

2017年7月6日，第二十三届中国兰州投资贸易洽谈会在兰州开幕。"一带一路"成为本届兰洽会的主题词，更多宾客从不同国家前来，进出口商品的种类更加丰富，种种细节呈现出中国西部开放的新姿态，原本的内陆腹地，正在成为开放新枢纽。

甘肃是古代丝绸之路的咽喉要道和商埠重地，早在2000多年前，满载着丝绸、瓷器的驼队就穿行于狭长的河西走廊，打通了中原与西域的商业贸易。如今，在"一带一路"倡议的持续推动下，兰洽会成为各国客商了解甘肃、了解西部地区的重要渠道，同时也是对外投资的重要窗口，为"一带一路"沿线发展注入了新活力、新动力。"一带一路"帮助兰洽会拓展了视野，连接了更多的国家和地区，打开了更为广阔的市场空间，助推中国西部走向开放新高度。

甘肃地处我国西部，与东部经济发达地区相比，受到交通环境的制约，长期以来经济发展较为落后，开放步伐也相对迟滞。在政府积极推动"一带一路"建设的背景下，甘肃的重要位置得以凸显，甘肃将利用古丝绸之路积累起来的历史经验，借助"一带一路"倡议的推动，加快改革开放步伐，与"一带一路"沿线国家展开经贸文化合作，积极融入"一带一路"经济体。

随着"一带一路"建设的深入实施，甘肃已成为中国向西开放的前沿阵地，为各路客商投资兴业提供了广阔空间和前景。而和前几届兰洽会相比，本届兰洽会除了有中亚等国家的宾客参与，还迎来了更多从"南边"来的外国宾客，尼泊尔、马来西亚、泰国、印度尼西亚等国家专门派代表团参加。

可见，"一带一路"倡议获得沿线国家的认可，亦促使它们将目光投向我国西部地区，重新认识我国西部地区的重要性，主动了解和接触甘肃，发掘合作机会。甘肃历来重视扩大对内对外开放，通过举办和参与一系列重要会展活动，深化同各地各类企业的交流合作，而且取得了许多实实在在的成果。

从1993年开始，中国兰州贸易洽谈会已经成功举办了22届，吸引了大批企业家来甘投资兴业，成为中国西部具有重要影响力的投资贸易平台。本届兰洽会积极融入和服务"一带一路"建设，以"共建'一带一路'，推动合作共赢"为主题，致力搭建洽谈合作的商务平台和对话交流的高端论坛。

"一带一路"成为兰洽会的新元素，提高了兰洽会的国际会议地位，促使中国西部更快地融入全球化经济，加强与沿线国家商贸往来，帮助更多中国制造走出去，帮助更多国外特产走进来。比如金川集团的电动汽车和电池材料，已出口到"一带一路"沿线多个国家。钻车和矿车等矿井设备，也在国际市场上大受欢迎。而德国啤酒"乘坐"中欧国际货运班列，从万里之外的德国杜伊斯堡来到甘肃中部城市武威，然后再转运至兰洽会主展馆。

随着"一带一路"建设的推进，地处古丝绸之路上的甘肃，开放发展的脚步不断加快，从兰州出发的多条国际贸易通道已经得到连接。在本届兰洽会上，从兰州出发的几条商贸"新通路"被开辟出来，将中国西部与"一带一路"沿线国家密切连接在一起。西部正从内陆腹地走向开放的前沿地带，兰州则成为开放新枢纽。

"一带一路"提供了双向开放的机会，吸引外商将目光聚焦在西部地区，加大与中国西部的投资合作，同时促进中国西部与沿线国家的各项交流，加强互相了解。"一带一路"为中国西部创造了发展新机遇，从而摆脱了传统地域局限性，站在新的开放发展高度，更好更快地融入全球经济。

创客节，让西部创客梦想与世界同步脉动

张楠之

2017年7月7日—7月8日，以"激发新活力、共筑创业梦"为主题的2017中国西部创客节在兰州举行。创客节是兰洽会的一项重要大型活动，旨在强化创新引领，促进新动能快速成长，深入推进"互联网+"行动和国家大数据战略，贯彻落实双创政策，完善双创措施，激发社会创业创新活力，打造一片创业乐土。

这里确是一片梦想之地。自古及今，一代代怀揣梦想来到这里的人们，一代代在这里繁衍生息的人们，用自己的双手，书写了一个个传奇般的创业故事。从古老的马蹄、驼铃、车轮，到当下的高铁、飞机，从充满不确定性的快马鸿雁，到手指一动天下尽在眼前的互联网，无论是交通的安全便捷程度还是信息传输的快速可靠，今天的创业者所面临的环境与往昔相比都已不可同日而语。

"互联网+"和大数据、从中央到省市的一系列政策支持、越来越便利的交通等基础设施和越来越浓郁的双创氛围等，它们之于今天的西部创客，正如翅膀之于梦想，天高水阔，只待鸟飞鱼跃。

"0"与"1"构成了互联网世界的基础，使世界借助网络的力量联结成了一个紧密依存的整体。而在由"互联网+"驱动的西部创客们的世界里，创业活力的表现就在于实现从"0"到"1"的飞跃，实现从无到有

的华丽转身。

创客节的举办本身，就为创客们打开了一扇方便之门，使这片西部热土成为中国西部"双创"的基地和人才技术的孵化器，让他们的项目和创意得以展示在专家、学者和天使投资人面前，展示在世界所有的潜在投资者面前。这是一个创意为王的创业时代，也是一个可以让项目快速落地的创业时代，更是一个让西部创客们得以忽略空间距离迅速拥抱世界的创业时代。

创客共享大会，让创业者们有机会共同分享创业项目和创业经历，交流创业得失；通过梦想的碰撞，催生新的梦想，激发创业激情；在项目中接受专家评委点评，获得天使投资人的现场投资签约，甚至戴上"最具文化影响力奖""最具投资价值奖"等桂冠，让自己的创意和项目熠熠生辉；无数青年才俊在这里受到鼓励，提升创新意识，提高创新能力，以更饱满的激情投身创意产业。

在"一带一路"倡议的实施中，有着先天的区位优势和丰富资源的西部为创业者提供了千载难逢的好机会。创业之路，唯创新者强，唯接地气者胜，西部创客们将创业创新与甘肃本地特色紧密联结，走了一条更接地气的西部特色创业之路。创客节通过引导创客与教育扶贫结合，引导创新与特色农产品研发结合，以及设立"最佳社会责任奖"等奖项，致力于让创业者在成就个人梦想的同时承担起更大的社会责任，让西部创客的梦想与陇原人民脱贫致富的梦想一起飞翔。

通过"创业创新如何推动一带一路的建设和发展""信息科学和人工智能对区域经济发展的推动作用""共享经济对传统行业带来的改变和颠覆"等主题演讲，拓展创客创业思路，引导创客将创业的激情与国家战略和地方发展需要进行更紧密的联结，将小梦想主动融入大梦想，通过小梦想的成功推动大梦想的实现。通过项目投资对接会，邀请中国投资协会项目投融资专业委员会文化产业促进中心的投资企业、天使投资人、金融机构与优秀创客企业对接洽谈投资合作事宜，创富中心、众创空间、创客咖啡如雨后春笋般涌现，孵化园、创业园、电商平台等应运而生，怀揣创业梦想的青年遍布城乡，梦想正在快速落地，生根发芽，枝繁叶茂。"1+3+N"的模式，高峰论坛、创客公享大会、创客项目展览和项目投资对接会的举办，实现了从宏观到微观，从概念到实践，从触动到发动，对西部创客创业梦想产生多层次、多角度的激发和驱动。

所有举措，都指向让项目快速落地，让创意更快更好地转化为现实的产品，让创客成为西部热土涌动的热潮中最活跃的力量，让创业创新带动甘肃乃至整个西部经济持续健康发展。这是一个最好的创业时代，西部创客节让我们闻到了梦想的芬芳，也听到了梦想落地的声音，创业之花正在次第开放。

看30年来变化，畅想30年后美好生活

陇 平

　　"不积跬步，无以至千里。"十九大首次提出，在全面建成小康社会的基础上分两步走，在21世纪中叶建成富强民主文明和谐美丽的社会主义现代化强国。从"三步走"到"两步走"，改变的是提速增效，不变的是民心所向。从三步走到两步走，我们和伟大的祖国一起走过。

　　30年，我们从1987年走到了2017年。30年，我们的国家一步一个脚印，把许多"小目标"逐一收入囊中。看一看我们的国家30年的变化在哪里？

　　筋骨更硬了。经济蓬勃发展，国内生产总值从1987年的约1.1万亿元增长到80万亿元，稳居世界第二，对世界经济增长贡献率超过30%。开放型经济新体制逐步健全，对外贸易、对外投资、外汇储备稳居世界前列。核心竞争力强了，天宫、蛟龙、天眼、悟空、墨子、大飞机等重大科技成果相继问世。

　　底气更足了。在强健筋骨的同时，以全面深化改革努力打通民族复兴的"任督二脉"，坚决破除各方面体制机制弊端。仅在过去5年就推出了1500多项改革举措，重要领域和关键环节改革取得突破性进展，主要领域改革主体框架基本确立。

　　内在更实了。祖国的发展变化，最终体现在人民群众的获得感上。

钱包鼓起来了，全国居民人均可支配收入2016年达到23821元。居住条件和生活环境显著改善，祖辈们向往的"楼上楼下、电灯电话"的"小目标"已经基本实现。彩电、冰箱、洗衣机、空调这传统"四大件"变成了手机、电脑、汽车、房子。虽然还有这样那样的期待，但变化有目共睹、感同身受。

有了这样的硬件条件，我们是否可以大胆想象一下未来30年，我们的"美好生活"会是啥样？

我们的生活会不会更炫酷？更多"中国创造"将冲在世界科技最前沿。越来越多的网民在兴致勃勃地猜测，高铁、移动支付、共享单车、网购这"新四大发明"之后，下一组"新四大发明"是什么？有科技人员认为：从追随到引领，未来，我们前进的每一步，可能都是世界的第一步。

我们的生活会不会更自在？当科技深度支撑生活，大家的脑洞也可以无限大。"上午在家打理果园，下午在北京看球赛，晚上就可以在欧洲喝咖啡。"当高铁、高速公路四通八达，当绿水青山真正成为金山银山，想去哪儿真的能够"说走就走"。

我们的生活会不会更幸福？不再拥堵、不再奔波、不再怕老、不再愁钱，30年后"天下无贫"，当物质文明、政治文明、精神文明、社会文明、生态文明全面提升，人们期待可以甩掉困扰当代人的各种烦恼，迎来自我价值充分实现的黄金时代。

从现在到2020年，是全面建成小康社会的决胜期。然后，我们将开启30年的"两步走"战略，实现"强国梦"。"行百里者半九十。"中华民族的伟大复兴，绝不是轻轻松松、敲锣打鼓就能实现的。我们要像石榴籽一样紧紧抱在一起，齐心协力进行伟大斗争、建设伟大工程、推进伟大事业、实现伟大梦想，齐心协力走向中华民族伟大复兴的光辉彼岸！

"丝路高铁"让梦想与现实如此接近

李钰康

丝路驼铃绵延千年，已成回忆之绝响；高铁疾鸣穿越时空，谱写梦想之诗篇。

丝路古道上的高铁，由于历史的荣光与未来的期许，人们亲切地称之为"丝路高铁"。打开全国高铁网，这条从陕西西安向西一直到新疆乌鲁木齐，长达2300多千米的"丝路高铁"，将随着宝鸡至兰州高速铁路的开通运营而全线贯通，西北地区高铁将全面纳入全国高铁网。

可以想见，历史在这一刻将再一次改写，"丝路高铁"将为西部建设注入新动力，开启沿途"筑梦空间"。

"丝路高铁"承载的是回家的乡愁。"乡愁是一条长长的桥梁；你去那头，我来这头。"学子、旅人、商贾自古在这条长长的丝路上，翻山越岭，日夜兼程，牵动着那头与这头的相思。如今，宝兰高铁一通，归心似箭的学子、开阔眼界的旅人、收获丰厚的商贾尽可驾着期望的风，沿着高铁呼啸而来，翩翩而去。从此回家的路不再遥远，乡愁更多的是一种团圆，一种喜悦，一种在时光浓缩下欣赏到的异地风流。

"丝路高铁"承载的是旅游的激情。毫不夸张地说，"丝路高铁"所经城市和地区，历代人文荟萃、旅游资源丰富，仅甘肃境内的陇东地区和河西走廊就呈现出多彩的风光，从小桥流水到大漠戈壁，从历史古迹到秀丽山川，从远古文明到现代都市，无不散发出瑰丽的光彩。大地湾遗址、伏羲文化、麦积山石窟、马家窑文化、五泉山、马蹄寺、大佛寺、黑水国遗址、山丹军马场、丹霞地貌、嘉峪关、古阳关、玉门关、莫高窟、月牙泉等一系列在国内外知名的名词会随着高铁在你面前一一生动起来。除此之外，还有一批尚不甚知名但很有实力、潜力的旅游资源也会在你眼前一一鲜活起来。随着高铁的速度，甘肃势必将迎来旅游的"旺季"，及早调整发展策略与目标、做好规划与服务，当成为工作的重点。

"丝路高铁"承载的是发展的渴望。宝兰高铁开通的区域是宝鸡至兰州之间，但它贯通的却是整个中国的高铁网。甘肃对打通横贯中国"最后一公里"的宝兰高铁的渴望一刻也没停止过，并越发强烈。甘肃人深知其经济欠发达，主要矛盾仍然是发展不足不快，综合实力较弱，基础设施建设欠账较多，传统产业转型升级步伐较慢……首条贯通丝绸之路经济带的高铁线，带着速度与激情，必将带动人民的出行方式和经济的发展模式悄然发生深刻的改变，成为沿线人民群众的致富之路、希望之路，必将再次为西北高原平添生机与活力。

"丝路高铁"承载的是"一带一路"的梦想。从2100年前张骞的"凿空之旅"，及其后丝绸古道的繁荣，到如今横空出世的"丝路高铁"，历史在延续，精神在传承。陕西、甘肃、青海、新疆全面进入高铁时代，并将为整个连接欧亚丝绸之路的交融提速提质提效。在新的历史起点上，这条连接我国西部和中部的"动脉血管"，再一次让甘肃乃至我国整个西北成为连接欧亚丝路的桥头堡，助力"一带一路"倡议的落地生根。

"高铁时代"必然迎来"高铁经济"，受益的是我国西北沿线的城市和人民，也是"一带一路"上所有沿线的国家和地区。从此，山高水长只在谈笑间，穿透平原大川、崇山峻岭的高铁鸣笛将是友谊、发展、梦想落地的声音。

脱贫攻坚务必"实"字当头

李近远

习近平总书记指出，"扶贫工作必须务实，脱贫过程必须扎实，脱贫结果必须真实"，"脱贫攻坚担子越重，越要弘扬求真务实作风"。脱贫攻坚是甘肃省当前的头等大事和第一民生工程，是全面建成小康社会最艰巨最繁重的任务。要确保在既定时间节点完成脱贫攻坚任务，打赢脱贫攻坚这场硬战，全省各级干部务必"实"字当头，掌握实情、着眼实际、扎实推进，确保脱贫成效真实、结果可靠，真正获得群众认可。

掌握实情，是做好脱贫攻坚工作的基本前提。党的十八大以来，经过全省上下不懈努力，甘肃省脱贫攻坚取得了明显的阶段性成效，贫困人口大幅减少，贫困发生率显著降低，贫困地区生产生活条件持续改善，群众的获得感不断增强。然而，作为一个典型的西北欠发达省份，甘肃自然条件严酷，经济社会发展基础薄弱，贫困问题由来已久，脱贫攻坚也不可能一蹴而就，持久战、攻坚战的特点十分明显。要如期完成脱贫攻坚任务，任务繁重、时间紧迫。对这一点，一定要有全面的、清醒的认识，既不能消极无望，也不能急功冒进，要一切从实际出发，采取一切可行的办法，在现有基础上，扎实推进脱贫攻坚。

着眼实际，是做好脱贫攻坚工作的关键所在。脱贫攻坚的工作对象，是最普通、最基层的贫困村、贫困户。这一根本性的特点，决定了脱贫攻坚从规划设计、统筹安排到具体操作，都要实事求是：既考虑整体推进，也照顾个体差异；既解决当前困难，也做好长远规划。经过多年的努力，容易脱贫的群众，大多已经脱贫，剩下的，大多是"贫中之贫、困中之困、难中之难、坚中之坚"，需要以更切实的安排、更有针对性的举措，坚决啃下这些硬骨头。正如习近平总书记要求的那样，深入开展"绣花式"扶贫，把精准的要求贯穿于脱贫攻坚工作的各个环节、各个方面，把贫困群众最实际的情况精准"画像"，多措并举，真正帮助他们走上共同富裕的道路。

扎实推进，是做好脱贫攻坚工作的根本保证。当前，我省脱贫攻坚已进入决胜阶段。要实现中央和省委确定的脱贫目标，帮助贫困村、贫困户彻底摆脱贫困，和大家一起奔小康，归根结底，要靠各级党委政府和广大干部点点滴滴工作、扎扎实实推进。各级各部门要及时全面地抓住政策机遇、千方百计利用好各类资源，最大限度地帮扶贫困村、贫困户，增加外部动力。同时，要在既有成绩的基础上，真正领会好习近平总书记对脱贫攻坚工作的最新指示精神，按照省委的安排部署，处理好扶贫工作和其他各项工作的关系，处理好扶贫工作内部各环节之间的关系，处理好加大外部帮扶力度和增强贫困村、贫困户内生动力之间的关系，真正把各项脱贫工作一项项推进、一步步实施。确保各项帮扶措施落到实处、见到实效，让最需要帮扶的村子和家庭，得到最多的帮扶，从根本上消除贫困成因，夯实贫困村、贫困户的脱贫基础，帮助他们真正摆脱贫困，更好地与全社会共享发展进步成果。

治理环境问题也是治理政治生态

大陇客

近日，省委省政府召开全省祁连山自然保护区生态环境问题整改工作领导干部会议，通报中办、国办关于祁连山生态环境问题督查处理情况，强调要深入反思检讨，认真汲取祁连山生态环境问题的深刻教训。

从中央环保督察组反馈的问题来看，祁连山自然保护区生态破坏问题严重，大规模无序采探矿活动，造成祁连山地表植被破坏、水土流失加剧、地表塌陷等问题突出。无序的开发和肆意的破坏让脆弱的祁连山不堪重负，也让甘肃建设国家生态安全屏障综合试验区蒙受了巨大损失。

但是，比生态环境破坏更让人揪心的是一些部门和干部颠倒的发展观、错位的政绩观。中央环保督察组指出，祁连山等自然保护区生态破坏问题严重，一些部门不作为、乱作为问题突出。特别是2014年国务院批准调整保护区划界后，省国土资源厅仍然违法违规在保护区内审批和延续采矿权9宗、探矿权5宗。祁连山区域黑河、石羊河、疏勒河等流域水电开发强度较大，该区域现有水电站150余座，其中42座位于保护区内。督察发现，甘肃省还有6个国家级自然保护区同样存在非法采矿、水电开发等违法违规问题。在祁连山生态环境问题督查整改中，一批领导干部受到严肃追责和处理。事实表明，知法犯法、违规审批、有令不行、有禁不止的背后是权力的任性和滥用，是国土、环保、林业等有关部门和地方政府监管责任的失守。它破坏的不仅仅是脆弱的生态环境，更会污染和影响一个地区一个部门的政治生态。

治理环境污染，应对危机事件，不仅仅是环境生态的治理和修复，更是一场发展理念、法治意识、政治品格的考验和检视。省委书记、省人大常委会主任林铎指出，祁连山生态环境遭到破坏，充分说明我们"四个意识"树得不牢固、政治站位不够高，新发展理念贯彻不充分、正确导向落实不够坚决，主体责任履行不到位、担当作为不够有力，职能作用发挥不得力、审核把关不够严格。

对祁连山生态环境问题引以为戒，排查各类环境违法隐患，举一反三，严格落实环境保护主体责任，守住绿水青山更是摆在各级党委政府面前不可回避的考题。对于生态环境脆弱、经济欠发达的甘肃而言，唯有通过深化改革的手段，创新驱动的方式，壮士断腕的决心，标本兼治的策略，才能走出经济发展与环境保护的两难困局，才能为保障国家生态安全做出应有贡献。

当前，全省上下正按照习近平总书记有关重要批示精神和省委、省政府的决策部署，认真吸取祁连山生态环境问题的深刻教训，开展祁连山生态环境问题的整治和修复工作。省委常委会专题审议了《祁连山保护区生态环境问题整改落实方案》，针对地方主体责任落实、违法违规项目关停、开发利用监管、历史遗留问题解决、资金投入动态监测和监督执法、长效机制建立健全等工作内容，明确了责任单位和时间节点，确保按期整改完成。特别是强调要实行最严格的考核问责制度，严格落实环境保护"党政同责、一岗双责、终身追责"和生态环保"一票否决"制度，从根子上、源头上筑牢生态保护的高压防线。

环境问题不止于生态环境的治理和修复，对于打造高效廉洁法治的服务型政府来说，对于建设生态文明的治理目标来说，整治环境问题也是一场政治生态的治理。

让问责风暴推动祁连山走向绿色发展

张楠之

西北生态安全的重要屏障祁连山，目前正在经历近半个世纪来最大规模的生态环境整治。连日来，中办、国办关于甘肃祁连山国家级自然保护区生态环境问题发出通报，引发社会广泛关注。

从"遮遮掩掩"到"主动揭短"，从"能保就保"到"坚决关停"，从"凑合发展"到"杜绝污染"，在由乱到治的路上，祁连山正在经历一场史无前例的"环保风暴"。不同于以往的是，这场风暴没有停息的征兆，它会一直持续下去，直到被过度开发导致冻土剥离、碎石嶙峋、植被稀疏的祁连山再次成为绿水青山，直到绿色发展理念成为每位党员干部入脑入心的自觉，直到保护生态成为每个人潜意识的行动为止。

"史上最严"的问责，是要通过问责风暴带来一场"绿色革命"，彻底警醒那些对破坏环境麻木不仁者，尤其是那些守土有责却没能负起应有责任的官员；"壮士断腕"的决心，是要通过短期的疼痛来防止如果现在不加治理未来一定会面临的长痛，甚至是无法救治的痛。

俗话说"靠山吃山，靠水吃水"，但是，如何"靠"，如何"吃"？崇尚人与自然和谐相处的传统理念，最反对"焚林而田、竭泽而渔"式的向大自然无限制地索取。靠山，绝非把山搞得千疮百孔仍不罢休；靠水，绝非把水用得一干二净，甚至污染殆尽也在所不惜。

"竭泽而渔"式的发展是注定无法持续的。关于这一点，《吕氏春秋·义赏》中说得最为清楚："竭泽而渔，岂不获得，而明年无鱼。"祁连山的过度开发所展现出来的后果，就是这样一种"明年无鱼"的可怕场景。这样的场景是今天的我们所不能容忍的，也是绝不能让其继续发展成为现实的。所谓"但求方寸地，留于子孙耕"，说的正是这样的道理。

关于人与自然生态的和谐相处之道，用习近平总书记的两句话概括就是，要"留得住青山绿水，系得住乡愁""我们既要绿水青山，也要金山银山。宁要绿水青山，不要金山银山，而且绿水青山就是金山银山"。这一方面说明，良好的生态环境是最普惠的民生福祉，必须以对人民群众、对子孙后代高度负责的态度，全面推进生态文明建设，实现中华民族永续发展；另一方面说明，保护生态环境就是保护生产力，改善生态环境就是发展生产力，在最严格的环境保护下，一样可以谋得快速的发展，甚至是更好更快的发展。

在坚决关停退出保护区内各类违规建设项目的同时，祁连山沿线市县也正在努力摆脱既有的发展惯性，将绿色生产、绿色生活的理念融入未来规划，发展现代农业和旅游文化产业，以创新为驱动，推动建设西部重要的绿色农产品生产加工基地和绿色生态产业创新示范区。同样是向绿水青山要效益，换一种思路，却能够走出一条与环境和谐相处的发展之路。

当然，这一切的进行都必须以制度做保障。通过厘清部门法规间的相互关系，完善与生态文明理念相匹配的法律法规顶层设计，为生态文明落地生根提供相应的法律依据。实际上，甘肃省在这方面的制度建设正在抓紧进行。7月24日，甘肃省十二届人大常委会第三十四次会议听取了省人民政府关于《甘肃省祁连山国家级自然保护区管理条例（修订草案）》的说明，保护区内砍伐、放牧、狩猎、捕捞、采药、开垦、烧荒、开矿、采石、挖沙等活动被严格禁止。

让绿色发展行进在制度的轨道上，才会有真正的快速发展。只有对此有深刻的认识，并积极行动起来，负起责任，祁连山环境保护才未来可期，甘肃绿色发展才未来可期。

帮扶干部在精准帮扶中要"走心"

王雪梅

党的十九大报告明确指出，要重点攻克深度贫困地区脱贫任务，确保到2020年我国现行标准下农村贫困人口实现脱贫，贫困县全部摘帽，解决区域性整体贫困，做到脱真贫、真脱贫。帮扶干部是扎实推进精准扶贫、精准脱贫工作的重要力量。当前，扶贫攻坚已进入攻坚拔寨阶段，帮扶干部在精准帮扶中要做到"走心"。"走心"二字，看似简单，做到却殊为不易。

"走心"不是"走读"。当前，有的帮扶干部把精准帮扶当作到贫困户家中走访慰问，送袋米、送壶油，认为只要将"爱心"送到了，慰问传达了，就是对贫困户实施了帮助，殊不知这种爱心往往让帮扶户哑口无言。如此帮扶的"走读"干部，岂能在帮扶工作上"走心"？既耗时耗力，又劳民伤财。要防止"走读"现象，帮扶还是要克服形式主义和官僚主义，在脱贫攻坚过程中，帮扶干部应调整好心态，把浮躁的心收起来，扎根基层、服务基层，把实干的心沉下去，发扬"甘为孺子牛"的精神，让"走读"者真正"走心"。

"走心"才能"入心"。古人云"知屋漏者在檐下，知政失者在草野"。帮扶干部要摸清扶贫对象情况，找准致贫原因，分类梳理，精准施策，带着感情和热情，真正"走心"，要与困难群众交朋友，拉距离，赢信任，聚合力。要沉下性子，发扬愚公移山精神，从纷繁中理出头绪，耐心做好每一件事。不管是工作制度的制定，工作流程的简化还是服务质量的提高，都着眼于贫困群众的需求，把这个作为工作出发点，才会让扶贫工作扶到点子上，让贫困群众真正享受到改革发展的红利。帮扶干部在同人民群众交流互动中感知百姓冷暖、增进感情，用脚步去丈量民生事业的长度，用心灵去体悟民生幸福的温度，不能隔着车窗、带着隔阂下基层，那样不仅闻不到大地的泥土味，也听不到百姓的心里话，更难以成为群众的贴心人。帮扶干部只有"走心"了，才会得到群众的拥护，群众才能"入心"，贫困户才会心甘情愿为之点赞。

"世界上最远的距离，莫过于我就在你身边，但我心里根本没有你。"帮扶干部唯有真心访民情，虚心汇民智，耐心释民惑，热心解民忧，"走心"才能"走进心"，才能带领群众脱贫致富。

让人才活力在陇原大地竞相进发

李近远

省第十三次党代会提出，深入实施人才强省战略，把留住用好本土人才和引进高层次人才结合起来，统筹抓好各类人才队伍建设，为全省经济社会发展提供强大智力支撑。

深入贯彻习近平总书记"八个着力"重要指示精神，开创甘肃各项事业发展新局面，就务必将人才当成"第一财富"，着力破解人才支撑力不足的制约，让千千万万想作为、能作为的人才，在陇原大地发挥才干、建功立业。

习近平总书记历来重视人才工作。他在庆祝中国共产党成立95周年大会上的讲话中强调：党和人民事业要不断发展，就要把各方面人才更好使用起来，聚天下英才而用之。我们要以识才的慧眼、爱才的诚意、用才的胆识、容才的雅量、聚才的良方，广开进贤之路，把党内和党外、国内和国外等各方面优秀人才吸引过来、凝聚起来，努力形成人人渴望成才、人人努力成才、人人皆可成才、人人尽展其才的良好局面。这番话，充分体现了党中央和习近平总书记对人才工作的高度重视，也为新时期做好人才工作指明了发展方向，提供了基本遵循。

无须讳言，人才匮乏已经成为制约甘肃经济社会发展的重要因素。计划经济年代，以全国平均水平衡量，甘肃高层次人才在数量和质量上并不落后。然而，随着改革开放的深入，北上广、中东部地区等经济社会发展程度远超甘肃，对人才的需求也更加紧迫。在经济发达地区各种优惠政策的吸引下，"孔雀东南飞"的现象十分突出，甘肃人才流失问题日趋严重。时至今日，甘肃的人才流失仍在继续，流出远大于流入。加之本地人才建设中存在的各种现实问题，致使省内人才队伍总量不足、结构失衡、分布不均等问题长期存在，依旧突出，从根本上影响了我省各项事业的发展。

正视问题，才能破解难题。省委、省政府历来十分重视人才工作，取得了明显成效。例如，2012年起，我省为尽快弥补金融人才缺口，引进了一批中央金融机构挂职干部，在促进甘肃提升金融业助推经济社会发展方面发挥了重要作用。体制机制建设方面，省委2016年出台了《甘肃省关于深化人才发展体制机制改革的实施意见》（以下简称《意见》），着眼提升创新创业能力，优化人才培养机制；着眼集聚高端紧缺人才，改进完善人才引进机制；着眼促进人才合理配置，健全人才流动机制；着眼激发人才生机活力，强化人才激励机制；着眼准确识别使用人才，创新人才评价机制；着眼形成人才工作合力，完善人才管理体制。细读起来，其中有许多加快人才队伍建设的举措，针对性、操作性都很强；有许多破解人才引进和使用难题的好办法、好路径，让人耳目一新。《意见》出台以来，各相关部门认真贯彻落实，人才工作取得了新的成效，但与我省经济社会发展所需大量人才缺乏的现实相比，还有许多工作需要深入推进，进一步实施，真正破解影响我省人才工作发展的体制机制障碍，最大限度地激发各类人才创新创业活力，更好地为建设幸福美好新甘肃提供坚强的人才保障和智力支撑。

"功以才成，业由才广。"做好人才工作，各级领导干部和组织人事部门是关键所在。大家要牢固树立人才是"第一财富"的理念，真正以人为本，主动积极地为各类人才提供发展机会、拓宽成长空间、营造良好环境，让各类人才真切感受到关怀和关爱，真正能发挥所长、建功立业。

盛世文博，再启华章

张楠之

2017年9月20日至21日，第二届丝绸之路（敦煌）国际文化博览会在甘肃敦煌举行。

第二届文博会秉承"和平合作、开放包容、互学互鉴、互利共赢"的丝路精神，内容上精心设计了"论、展、演、创、贸、游"六大主体活动。与去年首届相比，本届文博会增加了文化经贸、文化创意等方面的内容，参会总人数超过去年首届文博会，其中，参展人数和中外记者达到2100多人。

甘肃，这块曾经聆听过驼铃声声，见证了千百年丝路繁华的土地，秉持着与生俱来的开放、包容之心，再一次面向丝路各国，面向世界万邦，以文化的名义，敞开怀抱。

驼铃不曾远去，它只是化作引擎声声、车轮阵阵，以更加快速、便捷的方式，在一个崭新的时空，重新回响在古老的丝路之上。

飞天不曾远去，它只是以斑驳图画的形式定格在莫高窟的洞壁上，在新的时代，以一种崭新的姿态，融入现代人的文化血脉，沁入陇原大地的一草一木之中。

这条丝路，承载过无数人的梦想。

这梦想，属于丝绸之路上的各国人民，它点燃的激情跨越千年，从未消散。

正是因为有梦，他们才会不畏艰险，不远万里，跋涉而来，又跋涉而去；正是因为有梦，我们才会在这里为了文化的交流，为了共同的繁荣，再次相聚，

梦回敦煌，不是为了在旧日的荣光里自我欣赏，而是为了让文化之树在对根的回溯中，找寻到奋发向上的力量。

这力量，汇进传承、创新和发展的洪流，在历史与现实中激荡。

传承，是面向历史的致敬，让文化在自然的流淌中润物无声；创新，是面向当下的担当，让文化在我们的手中发扬光大；发展，是面向未来的承诺，让人民群众，让子孙后代，都能共享盛世馨香。

传承离不开互鉴，创新离不开交流，发展离不开开放与合作。

丝路文博盛会呼唤的，是一场跨越时空的对话。它指向的是开放、交流和发展，是互利、共赢与合作，它铺设出一条"和平之路、繁荣之路、开放之路、创新之路、文明之路"。

飞天承载了古人的梦想，飞翔也曾经是人类能够想象到的彼此连接、互通的最快方式。今天，基于互联网的信息技术和现代交通运输业已经让现实真正地插上了"飞"的翅膀——朝发夕至早已不再是梦，手指一动天涯咫尺的沟通更是生活中的日常。

千年的想象早已成为现实，但穿越千年而来的想象力却并未被我们放弃。今天，我们需要更多的想象和更强的想象力，让年轻的创意为古老的文化注入新鲜的血液，让古老的文明之花以更加璀璨的形象在世界面前开放。

又一次文博会的举办，一定能够继续推动我省"一带一路"建设和外向型经济持续发展，在陇原大地奏响"中国梦"的时代强音。

丝路花雨，大梦敦煌。
盛世文博，再启华章。

抓好文博会机遇　努力促进甘肃文化产业发展

省文联

敦煌是中国、印度、希腊、伊斯兰四大文明体系的交汇地。丝绸之路（敦煌）国际文化博览会（简称敦煌文博会），是中国目前唯一的以"一带一路"国际文化交流为主题的综合性博览会，是文化产业的盛宴。敦煌文博会将为甘肃文化产业发展提供无限机遇。

林铎书记指出，推动"一带一路"建设、深化丝路沿线合作，根本的是要增进各国人民的了解和友谊，得到各国人民的支持和参与，而文化交流在这方面具有不可替代的作用，文化通则观念通、情感通、民心通。举办敦煌文博会，是国家赋予甘肃的重大机会，也是甘肃促进丝路沿线文化交往、推动"一带一路"建设的重要举措。

丝绸之路三千里，华夏文明八千年。甘肃具有丰富的文化资源，大力发展文化产业，潜力巨大。"十二五"时期，我省文化产业实现高位持续快速增长，由起步阶段进入了快速发展阶段。"十三五"时期，我省要充分利用好文博会所提供的机遇，深入贯彻习近平总书记系列重要讲话精神，紧紧围绕"五位一体"总体布局和"四个全面"战略布局，遵循社会主义市场经济规律和文化发展规律，充分发挥好我省特色文化资源优势，努力促进我省文化产业更上新台阶。

第一，要进一步坚持落实好五大发展理念。要充分激活创新发展动力，要在发展中提升协调发展素质，要坚定坚持绿色发展原则，要大力促进开放，以开放拓展发展空间，在发展中实现共享。

第二，文化产业发展一定要坚决践行社会主义核心价值观。社会主义核心价值观是引领文化产业发展的灵魂。要把培育和弘扬社会主义核心价值观作为凝魂聚气、强基固本的基础工程，要融入文化产业发展的全过程，要努力推出一批自觉体现社会主义核心价值观、满足人民精神文化需要的文化产品。

第三，要坚持社会效益和经济效益有机统一。要正确处理好社会价值和市场价值、文化的意识形态属性与产业属性的关系，要坚持社会主义先进文化前进方向，要确保国有文化企业把社会效益放在首位。

第四，要坚持以人为本的发展原则。发挥人民在文化建设中的主体作用，坚持文化发展为了人民、文化发展依靠人民、文化发展成果由人民共享，促进人的全面发展，培育有理想、有道德、有文化、有纪律的社会主义公民。全面贯彻"二为"方向和"双百"方针，发挥文化引领风尚、教育人民、服务社会、推动发展的作用。

第五，要进一步推进"大众创业，万众创新"，增强文化产业发展的创造力。强化文化企业创新主体地位和主导作用，支持和鼓励文化企业在经营模式、产品设计、市场营销、企业管理等方面进行全方位创新。加大对创新创业的倾斜支持力度，创新政府和社会资本合作发展模式。要进一步突出科技创新在文化创新中的引领作用，通过资金投入、政策支持、平台搭建等方式，引导省内高校、科研机构参与文化创新，加快推动文化科技创新成果的资本化、产业化转化。切实发挥好兰州国家级文化和科技融合示范基地的集聚孵化功能，培育和孵化一批文化科技创新企业。

共享经济监管要有新思维

梁发芾

　　权威数据机构前段时间正式发布了《2017年第二季度中国主要城市交通分析报告》。报告显示，2017年第二季度，全国城市拥堵出现下行拐点，百城中近八成城市拥堵同比得到缓解。而带来交通状况好转的原因之一，是共享单车有效缓解了城市大部分地铁站周边的拥堵。

　　共享单车缓解了城市交通拥堵状况，这与我们的日常体验是基本吻合的。随着越来越多的人出行时选择共享单车，机动车辆的使用必然有所减少。几天前到北京出差，抽空和朋友去王府井游玩。朋友在南池子看到路边的共享单车，就扫码开锁。我们各骑一辆，沿着南池子走街串巷，走走停停，一路饱览皇城根的风光人情。我们发现，北京街头到处都有共享单车，骑行者包括男女老少，人数着实不少。

　　共享单车只是共享经济的一种，也是比较成功的一种。李克强总理出访国外的时候，有不少国家领导人都提出，欢迎中国的共享单车前往发展。共享经济的模式和业态当然不仅仅局限在共享单车。目前，我国从生产领域到消费领域，大量设备、产品和服务都存在闲置和过剩现象，随着共享经济理念的推广和互联网技术进步提供的可能性，将会不断出现更多的共享经济模式，实现资源的优化配置。

　　在共享经济风起云涌的当下，政府怎么对待共享经济，如何正确监管就变得格外重要。

共享经济是一种新生事物，它得益于互联网技术的进步，也得益于市场经济制度的成熟。但共享经济属于新生事物，它必然会存在种种不足，会引发新的问题和纷争，而这些问题和纷争往往处于法律法规的空白地带，处于监管和规范的盲区。虽然共享经济属于市场自发行为，市场参与主体通过自愿达成合约实现各自的利益，但是，由于市场并非总是完美无缺，它往往也会失灵，因此必须借助政府通过公共服务来解决市场自身所无法解决的问题。所以，对于共享经济来说，政府当然不能缺位，也不能越位。政府的合理监管是共享经济成功的重要条件。

对于共享经济，政府部门首先应该鼓励市场主体大胆创新，大胆探索。不能因为以前没有，就一棍子打死。有的地方政府就曾经以乱摆乱放，影响市容为由，将共享单车取缔。一些地方政府的管理者要么懒政思维严重，要么出于维护某些既得利益的需要，抬高市场准入条件，禁止共享经济进入市场。这些都对共享经济的发展极为不利。

当然，政府管理部门也不能因为共享经济是一种新的业态、新的模式，处于监管的盲区和空白，就对存在的问题视而不见，放任自流。在共享经济的发展中，一定会出现一些市场经营主体自身所无法解决、无法克服，必然需要政府去协调、规范和服务的问题。以共享单车为例：大量的共享单车出现后，有关部门就应该划定必要的区域，制定相应的政策，供共享单车有序停放；对于像兰州这样狭窄的城市来说，城市道路已经没有自行车道，为了方便骑行者，在公共道路上开通自行车通道也是非常必要的。当然，一些人恶意损坏、偷盗和丢弃共享单车，对此行为，政府也可以制定相应措施来保护企业的利益。总之，政府监管部门同样需要创新管理和服务方法以应对创新的经济模式。

共享经济给政府监管部门提出更高的要求。"鼓励创新、包容审慎"，是共享经济监管的新思维。唯有如此，才能避免历史上不断出现的"一放就乱，一管就死"的宿命，使共享经济走向更加健康和成熟。

把以人民为中心的发展思想真正落在实处

大陇客

习近平总书记指出："坚持不忘初心、继续前进，就要坚信党的根基在人民、党的力量在人民，坚持一切为了人民、一切依靠人民，充分发挥广大人民群众积极性、主动性、创造性，不断把为人民造福事业推向前进。"

坚持以人民为中心，把人民的利益看成是党的最高利益，这是马克思主义对政党建设的基本要求。习近平指出："人民立场是中国共产党的根本政治立场，是马克思主义政党区别于其他政党的显著标志。"马克思、恩格斯在《共产党宣言》中指出："共产党人不是同其他工人政党相对立的特殊政党。他们没有任何同整个无产阶级的利益不同的利益。他们不提出任何特殊的原则，用以塑造无产阶级的运动。共产党人同其他无产阶级政党不同的地方只是：一方面，在无产者不同的民族的斗争中，共产党人强调和坚持整个无产阶级共同的不分民族的利益；另一方面，在无产阶级和资产阶级的斗争所经历的各个发展阶段上，共产党人始终代表整个运动的利益。"

坚持以人民为中心，不能只停留在理论层面，需要真正落实到实践层面。习近平总书记明确指出："人民为中心的发展思想，不是一个抽象的、玄奥的概念，不能只停留在口头上、止步于思想环节，而要体现在经济社会发展各个环节。"

贯彻落实好以人民为中心的发展思想，第一，要坚定不移贯彻落实好四个全面的发展战略布局。"四个全面"，就是全面建成小康社会、全面深化改革、全面依法治国、全面从严治党。"四个全面"战略布局是以习近平同志为核心的党中央治国理政战略思想的重要内容，闪耀着马克思主义与中国实际相结合的思想光辉，饱含着马克思主义的立场、观点和方法。"四个全面"战略布局各部分之间的关系，不是简单的并列、平行关系，而是一个有机联系的整体。全面建成小康社会是战略目标，全面深化改革、全面依法治国、全面从严治党是一个都不能缺的三大战略举措，为全面建成小康社会提供动力源泉、法治保障和政治保证。

第二，坚定不移贯彻落实好中央提出的五大发展理念。五大发展理念是中国发展的五大动力源泉。创新是新生动力源泉。对于创新的意义，福特公司创始人亨利·福特说：不创新，就灭亡；《追求卓越》作者汤姆·彼得斯也说：要么创新，要么死亡。创新是一个民族和国家进步的灵魂。没有创新，动力就只有传统存在的旧动力。时间久了，传统存在的旧动力系统可能会面临疲软或不可持续的情况，在这种情况下，创新就尤显必要。持续创新将为发展提供持续新动力。

协调是素质动力源泉。社会不是一个无机体，各部分之间必然是互相联系和有机贯通的，同时各部分应有各自合适的比例。若各部分之间关系协调，比例合适，互相配合好，整体必然素质好，有机体有素质，生长必然充满活力。

绿色是持久动力源泉。发展不是今朝有酒今朝醉，今天吃完了，喝完了，用完了，再不想明天。发展要坚持绿色理念，体现了一种真正的理性精神，也代表了人类文明发展理念的新境界。你活，也要让自然活，自然才有可能为你不断提供动力，为你撑腰，为你茁壮，所以，金山银山重要，绿水青山更重要。

开放是外部动力源泉。开放为寻找新动力，提供了更为广阔的选择空间。在开放的情况下，新资源、新技术、新制度、新文化都会扑面而来，琳琅满目，供你选择。同时，在开放的情况下，社会经济形成的均衡，是更高层次的均衡，有更强的抗击打能力和更高的可适应性。历史发展的实践也反复证明，封闭必然要落后，落后必然要挨打，挨打的时间久了，灭亡也就成为必然。

共享是公平动力源泉。共享的本质是公平。在短期内，公平与效率可能会有冲突，但在长期内，公平与效率本质是统一的。一部人类社会的发展史，也是一部公平程度不断提高的发展史，同时也是生产力水平不断提高的发展史。若公平与效率在长期内不统一，人类社会的发展史就只能是生产力水平越高，社会越不公平，这显然是一个不证自明的错误。另外，有公平的社会，必然是稳定的社会。有稳定，秩序就有了保障，发展就有了前提条件。没有稳定，没有秩序，一切发展都是空想。

第三，要进一步狠抓落实。如何抓好落实？在具体工作中，我们应坚持"四实"。一是说话要坚持说实话。说实话，就是不说假话、套话、虚话。假话，就是不真实的话。套话，就是形式主义的话。虚话，就是可有可无的话。二是干事要坚持干实事。说实话，是前提；干实事，是内容，是实质。三是研究要坚持求实理。实理，主要有两种表现形式。一种是关于人类社会的"理"，一种是关于自然界的"理"。对于人类社会而言，实理就是正义、公平、诚信、友爱、互助、团结等范畴。对于自然界而言，实理就是科学规律，追求实理就是尊重科学规律，按科学规律办事，而不是想当然，不是人有多大胆，地有多大产。四是业绩要坚持凭实绩。凭实绩，就是要以实际业绩作为评判工作好坏的重要依据。我们说，评价判断或选拔干部，要德才兼备，问题是，在实际工作中，德才兼备如何体现？依据或凭据就是实实在在的工作业绩。为人民和社会干实事多的，业绩突出的，自然就更多体现了德才兼备的特点；否则，所谓德才兼备，就只是一个空泛的概念。为此，选拔干部，一定要重视实际业绩的考核，要更多以事实为依据选拔领导干部，要更多让那些真正为社会做出实实在在贡献的人担任领导职务。

大力建设共享社会　努力提升社会文明水平

宋圭武

中央提出的"创新、协调、绿色、开放、共享"五大发展新理念，是构成文明社会的五大基础元素。五大元素互相嵌套，互相支撑，每一个元素都蕴含其他四个元素，谁也离不开谁，形成有机整体。

共享是文明社会的重要元素。文明与共享成正比例关系。人类文明的进化史，实质也是一部人类共享水平的提高史。

共享程度高的社会，必然是富有凝聚力的社会。人心齐，泰山移，就可克服众多前进道路上的拦路虎。

共享有利于实现人类社会消费福利总体最大化。根据经济学消费边际效用递减原理，财富从多余者向不足者转移的过程，必然也是一个总效用递增的过程，当共享境界完全实现时，人类也就实现了总效用最大化。

共享有利于人类社会实现生产成本总体最小化。因为有共享精神，社会生产的非生产成本会大大降低，包括监督成本、寻租成本，都会大大减少，从而有利于社会将更多的资源投入到生产中去，提高生产效率。

建设共享社会，需要分三个层次展开。第一层次，需要大力建设共享财富；第二层次，需要大力建设共享制度；第三层次，需要大力培育共享精神。三个层次是有机统一的。其中共享财富是实现共享社会的物质基础，共享制度是实现共享社会的制度保证，共享精神是实现共享社会的精神底蕴。因为有了共享精神，既得利益集团就不会为了小团体利益而阻碍社会大利益实现，这必然有利于建设共享制度。而有了共享制度，又会大大提高建设共享财富的效率。

如何建设共享财富？既要增加财富数量，也要提高财富质量，还要符合可持续共享原则，即代际共享的问题。为此，在生产方式选择上，需要大力发展循环经济。

如何建设共享制度？需要着力推进制度的公平建设。

如何培育社会共享精神？需要大力提升社会道德水平。第一，要从小培养孩子的共享精神。因为人格的完善，小时候是关键，一旦长大定型，要改变人格就很难。家是社会的细胞，是人格形成的最初摇篮，为此，需要高度重视家庭道德建设。第二，学校教育要始终把道德教育放在首位。从小学、中学，到大学、研究生，都应把道德建设放在重要位置。从长远看，人品是最高的文凭。第三，社会各单位也要把职工的道德建设放在日常工作的第一位。各单位提拔干部，应真正体现德才兼备、以德为先的原则。第四，知识分子要进行道德启蒙。道德启蒙是比知识启蒙更重要的启蒙。知识是力量，但知识若失去道德的掌控，知识的力量本质是危险和恐惧的。另外，知识分子在启蒙社会道德的时候，也要抓好自身的道德建设。第五，要认识到共享精神的培育是一个长期过程，需要常抓不懈，需要有长期的措施，不能有急躁心理。

羊倌消失了　荒山变绿了

陆玄同

　　每每暑寒假，当羊倌是我们农家孩子最快乐的时光。早晨八点左右吃完饭，便带着干粮和水，吆喝着七十多只山羊沿着弯弯曲曲的小道，绕过农田向深山里奔去。同时，邻家的羊群也跳跃着、拥挤着赶来。霎时间，两三家羊群数百只黑白混搭的山羊便挤成一团，熙熙攘攘地奔向他们的美食天堂。

　　那时，山上的草总不见长，有些地方光秃秃的，连野草也不生长。羊群长时间的啃食和践踏，使原本脆弱的生态更显荒凉。对于羊倌们来说，这也是没有办法的事情，牧羊能供给数口之家的日常开销和学生上学的支出。

　　我们处在黄土高原的闭塞深山里，没有良田，山洼地也不是很多，只能靠天吃饭，而农田里的粮食也仅够一家人食用，没有余粮来卖钱。牧羊就成为我们增加收入唯一有效的选择，不管是羊绒还是羊毛，换来的都是真金白银，而且比种粮食更可靠。每年增加的小羊羔，经过一年的成长，也会带来一笔不小的收入。

　　随着村民意识的觉醒和退耕还林、退牧还林的政策要求，羊群消失了，羊倌改行了，曾经"奄奄一息"的山体又焕发出勃勃生机，且比以往任何时候都更显出它的顽强生命力。一颗颗小树装点着这个被唤醒的村庄。

羊群的消失，既源于村民生态保护意识的觉醒，还由于外出打工机会的增多。城里有更多的就业机会，新农村建设也需要大量劳力，村民于是放弃牧羊，转而寻求更能赚钱且有保障的生财之道。而大面积的荒山植树，也为村民提供了另一份收入。

现在的家乡，一改曾经的荒凉。村民的腰包鼓了，那些为生计外出挣钱的"游子"带着挣来的钱，在山沟里盖起一幢幢房子。来往奔驰的小轿车，电话里的深情款款，微信里的嘻哈和红包，村民昂起的头和笑脸，都是这几年这个村子最真实的变化。

就像《平凡的世界》里孙少安说的一句话"不知什么时候就从黑面馍吃上了白面馍"，而村子也不知道从什么时候就蜕掉了贫困的外衣，向这个伟大的时代又迈进了一步。

虽然，比起很多地方的新农村建设，我们山沟的景象还是略显黯淡，但我们有信心在未来几年，使村子发生翻天覆地的变化。随着中央的农村政策实施不断深入和习近平总书记对农民的关怀，这个已经享受到改革发展红利的村庄会在农村的大变革中找到属于自己的位置，与这个时代的变革同频共振：既有青山绿水，也有金钱富足。

用"新"解读，
用"心"体悟党的十九大报告

中国共产党第十九次全国代表大会报告全文3万多字，字字凝聚全党智慧，饱含人民期待，为我们党建设中国特色社会主义开启了新时代、新征程，也是我国未来发展的新的政治宣言和行动指南。学习党的十九大报告，要带着对党的绝对信心和极大的政治热情，更要用"新"解读，用"心"体悟，深刻领会报告的丰富内涵和精神实质，以及其中蕴含的对各行各业发展具有指导意义的真理。

通过对党十九大报告的认真聆听和深刻研读，可以切身感受到报告字里行间无不充满着"新"。

第一个"新"，首先体现在新时代。不忘初心，牢记使命，高举中国特色社会主义伟大旗帜，决胜全面建成小康社会，就指明接下来是要开辟一个中国特色社会主义新时代。这个新不仅是中国人民的新时代，也是全世界人民繁荣发展的新时代。党的十九大报告给世界上那些不甘落后的民族，不甘附庸他国的国家提供了全新选择，也为解决人类问题贡献了新的中国智慧和中国方案。

第二个"新"，是新历史。过去五年，在以习近平为核心的中国共产党领导下，中国政治、经济、科学、文化、生态文明等方面的发展取得巨大成就，标志着中国特色社会主义已经进入新的发展阶段。但是在取得成就的同时，还存在着许多的不足。接下来，我们将站在新的历史起点上，面对人民日益增长的美好生活需要和不平衡不充分的发展之间的新社会矛盾，全民团结在党中央周围，共同努力建设中国特色社会主义现代化强国，实现中国梦的伟大理想。

第三个"新"，就是新理论。习近平总书记在党的十九大报告中提出了"新时代中国特色社会主义思想"，明确坚持和发展中国特色社会主义的总任务，明确新时代我国社会的主要矛盾，明确中国特色社会主义事业总体布局，明确全面深化改革等一系列新理论，这是非常振奋人心的。这说明新时代我国社会主义发展道路是明确且清晰的，我们必须长期坚持并不断发展习近平新时代中国特色社会主义思想。

第四个"新"，是新方略。十九大报告从十四个方面谋划今后我们要干什么、怎么干、怎么干得更好。今后，我们将在习近平新时代中国特色社会主义思想指导下，秉承着不断推进理论创新、实践创新、制度创新、文化创新以及其他各方面创新的态度，决胜全面建成小康社会，进而决胜建成社会主义现代化强国。

最后一个"新"，新在农村政策。十九大报告指出农业农村农民问题依然是关系国计民生的根本性问题，必须始终把解决好"三农"问题作为全党工作的重中之重。提出乡村振兴战略，落实各项农业政策，加强社会保障体系建设，建立懂农业、爱农村、爱农民的"三农"工作队伍。树立坚决打赢脱贫攻坚战的决胜信心，确保如期完成贫困县全部摘帽的光荣任务，在2020年全面建成小康社会。

通过五个"新"的解读，对十九大报告的丰富内含有了基本的认识和了解。接下来，对于十九大报告的精神实质还要用"心"感受，用"心"体悟。

不忘初心，方得始终。十九大报告明确指出，中国共产党人的初心和使命，就是为中国人民谋幸福，为中华民族谋复兴。正是因为秉承着这份初心，我们党才走出历史的种种困境，树立了巨大的政治勇气和强烈的责任担当，推动我党和国家发生着历史性变革。坚持这份初心，我们必须牢牢把握新的国家社会矛盾，坚持以人民为中心的发展理念，解决好发展不平衡不充分的问题，不断促进人的全面发展，满足人民对美好生活的需要，实现全体人民的共同富裕。青年兴则国家兴，青年强则国家强。要时刻加强青年干部的教育培训工作，健全党的基层队伍建设，培育党和国家事业的中坚力量，将"四个伟大"融入党员干部的血肉之中，以赤子之心永葆全党初心。

坚定信心，勇展雄心。党的十九大报告不只是行动纲领、指导思想，而且还吹响了全面建设新时代中国特色社会主义的战斗号角，起着鼓舞人心、凝聚人心、传递信心的强大作用。而强大信心是来源于成功实践的，五年来中国发展取得了举世瞩目的成就，这种成就带来的巨大变革，画出了中国特色社会主义发展新时代，也对全世界有着深刻的历史意义和长远影响。

"雄关漫道真如铁，而今迈步从头越。"走雄关漫道，要有雄心壮志的决心，正如十九大报告所指出的，我们比历史上任何时期都更接近、更有信心和能力实现中华民族伟大复兴的目标，但目前这个绝不是嘴上说说，敲锣打鼓唱唱就能实现的。雄心是要体现在对人民美好生活实现的负责，对国家发展强大的负责上，我党要始终保持强大的政治定力、战略定力、发展定力，围绕实现中国梦的伟大梦想，蹄疾步稳推进伟大斗争、伟大工程、伟大事业的发展。国家发展目前还存在着发展不平衡不充分，发展质量和效益还不高，创新能力不够强，脱贫攻坚任务艰巨等突出问题，同时还要应对一系列国际问题。这些国内外问题更要求，我们得时刻不断提高干部的思想自觉和行动自觉，保持强大的雄心壮志，排除万难、砥砺前行，推进国家现代化建设，为人类发展做出更大的新贡献。

保持恒心，奋勇向前。习近平总书记指出，全面从严治党永远在路上。当前，虽然我国的社会主要矛盾已经改变，但是仍处于并将长期处于社会主义初级阶段的基本国情没有变，这就决定着我国是世界上最大发展中国家的国际地位不会变。十九大报告指出，我们要清醒看到工作中的不足、困难和挑战，要明确认识到党面临的"四大考验""四种危险"，坚持"打铁必须自身硬"，保持艰苦奋斗、勇于奋进的工作作风，撸起袖子加油干，全民共同努力，谱写社会主义现代化建设的新篇章。

在未来的发展建设中，我们要时刻坚持对十九大报告的用"新"解读、用心"体悟"，积极学习报告中的丰富内涵和精神实质，不断增加党员干部的理论素养、基层队伍的业务实力。祖国的现代化不是一朝一夕就能实现的，要坚持在以习近平同志为核心的党中央领导下，全民齐心、全民努力、全民奋进，发展新时代中国特色社会主义，决胜全面建成富强、民主、文明、和谐的社会主义现代化强国。

以总书记讲话精神为指引，
大力发展甘肃文艺志愿事业

大陇客

习近平总书记在十九大报告中深刻阐明，"没有高度的文化自信，没有文化的繁荣兴盛，就没有中华民族伟大复兴"。在坚定文化自信道路，推动社会主义文化繁荣兴盛的大潮中，文艺志愿服务活动大有可为！

十八大以来，甘肃省各级文联组织、文艺家协会、主管社会组织积极创新工作手段和工作方式，团结凝聚广大文艺工作者自觉践行"爱国、为民、崇德、尚艺"的文艺界核心价值观，始终把"文化惠民、文化为民、文化乐民"作为根本宗旨，大力弘扬"奉献、友爱、互助、进步"的志愿精神，组织动员广大文艺家和文艺工作者"深入生活，扎根人民"，到最基层、最困难、最需要文化艺术的群众中去，广泛开展慰问演出、文艺支教、文艺培训、展览展示等一系列丰富多彩的文艺志愿服务活动，很好地解决了"为了谁、依靠谁、我是谁"这个根本问题。

争当文艺志愿者，文艺界的一种新时尚

2014年5月，中国文联、中国文艺志愿者协会将毛泽东同志《在延安文艺座谈会上的讲话》发表日——5月23日设立为"中国文艺志愿者服务日"，决定每年在服务日前后倡导集中开展志愿服务主题活动。

文艺志愿服务是文艺工作者深入生活、奉献才华、服务人民和汲取

营养、创作作品的一条重要途径。仅甘肃省文联、甘肃省书法家协会春节期间启动"万名书法家送万'福'进万家"活动，每年就有国家级、省级、市级书法家和县区乡书法爱好者数万余人次参加。

2015年6月，甘肃省文联文艺志愿服务团的成立助推了全省文艺志愿事业的新发展，整合了省上文艺志愿力量，先后举办37场大型活动、21场"送欢乐下基层"大型文艺演出，数次组织专业艺术家对基层文艺爱好者和中小学美育教师进行业务培训指导，将党和政府的温暖送到千家万户，有力推动了甘肃文艺事业和文艺志愿工作的开展。如今，争当文艺志愿者已成为全省文艺界的一种新时尚和文艺工作的"新常态"。

突出活动主题，活动"立体化"效应凸显

全省广大文艺志愿者牢记党和人民的嘱托，响应时代的召唤，深入生活、扎根人民，以舞赋诗、以歌言志、以文传意，积极投身文艺志愿服务大潮，开展了一系列如"文化惠民""艺术进校园""文艺助推精准扶贫""走进丝绸之路""纪念红军长征80周年""迎接十九大"等系列主题文艺志愿活动，既为自己搭建了一个独特的"接地气采风创作和为人民服务"的平台，也让广大人民群众的精神文化生活不断迈上新台阶。

文艺志愿活动内涵不断丰富。弘扬和传承中华优秀传统文化，改变贫困落后的最基层人民群众精神面貌，提升人民群众艺术欣赏、艺术教育、艺术水平，要求各级文联组织、文艺家协会不断延伸工作手臂、创新文艺志愿活动的手段方式。

全省各级文联在每次开展文艺志愿活动时，除继续举办"送欢乐下基层"慰问演出，还相应配套了"文艺支教、文艺培训、文艺扶贫、文艺助残"系列活动，文艺志愿活动的影响力和延伸性不断增加。如，甘肃省文联在临洮县第一实验小学设立了"甘肃省文联文艺志愿服务基地临洮县青少年美育基地"，定期派遣书法、美术、音乐、舞蹈、剪纸、魔术等门类的文艺志愿者为临洮县师生举办讲座培训，并联合阳·young农村儿童助学中心、读者集团文旅公司、甘肃健行者徒步运动推广中心、

兰州光达数码影像等公益组织、爱心企业共同为山村孩子献爱心，带动了全县艺术美育教育水平的提升。

构建全省文艺志愿网，"国字号"演出成为常态

习总书记要求"把为人民服务作为文艺工作者的天职"。志愿服务是组织广大文艺工作者为人民服务的一种动员手段和工作载体。

注重全省文艺志愿网的建设。活动中，逐渐形成了"以省文联文艺志愿服务团为带动，以市（州）文艺志愿服务团为纽带，以产行业文联、主管社会组织文艺志愿服务队为侧翼，以县区级文艺志愿活动小分队为基础"的全省文艺志愿网，基本实现了"省市县三级联动，涵盖多个行业，满足不同人群"的文艺志愿活动目标。

争取中国文联支持，提高文艺志愿活动层次。与此同时，省文联积极争取中国文联、中国文艺志愿服务中心、国家级文艺家协会的大力支持。刘兰芳、宋祖英、王二妮、吕继宏、刘全力、刘全和、杜旭东等几十名全国著名的文艺家先后参加过省文联组织的文艺志愿活动，"国字号"名家演出成为我省慰问演出的新常态，提升了我省文艺志愿活动的水平。

潮平两岸阔，风正好扬帆。党的十九大吹响了"文化自信"的号角。文化自信是道路自信、理论自信、制度自信的基础，是更基础、更广泛、更深厚的自信，是更基本、更深沉、更持久的力量，是"中国特色"的最好诠释。党的十九大报告强调，发展中国特色社会主义文化，就是以马克思主义为指导，坚守中华文化立场，立足当代中国现实，结合当今时代条件，发展面向现代化、面向世界、面向未来的，民族的科学的大众的社会主义文化，推动社会主义精神文明和物质文明协调发展。要坚持为人民服务、为社会主义服务，坚持百花齐放、百家争鸣，坚持创造性转化、创新性发展，不断铸就中华文化新辉煌。

使命呼唤担当，使命引领未来。坚定文化自信，推动社会主义文化繁荣兴盛，文艺志愿活动既必要又必须。全省文联系统和广大文艺工作

者将认真学习贯彻党的十九大精神，更加紧密地团结在以习近平同志为核心的党中央周围，不忘初心，牢记使命，以新发展理念引领转变工作方式，把更多的心思、智慧、精力、热情、财力投入到文艺志愿事业中，坚持以人民为中心的创作导向，自觉与人民同呼吸、共命运、心连心，推动全省文艺志愿事业、文艺事业、文化建设实现新跨越，凝聚起同心共筑中国梦的磅礴力量！

用十九大精神指引甘肃发展新征程

李　强

具有里程碑意义的时刻，历史终将永远铭记。6天前（2017年10月18日），随着中国共产党第十九次全国代表大会的隆重开幕，中国正式进入"十九大时间"，历史也将由此翻开崭新的一页。

19个新提法、33个"最"、40个"前所未闻"、71次掌声……聆听报告、聚焦报告、解读报告，甘肃干部群众同全国各地干部群众一样，倍感振奋，备受鼓舞。"撸起袖子加油干""阔步走进新时代"，干劲、激情、豪迈顿时涌上心头。

举什么旗、走什么路、以什么样的精神状态、担负什么样的历史使命、实现什么样的奋斗目标，十九大报告都做出了清晰而又深刻的回答。处于"奔跑期"的甘肃如何才能真正赢得未来，根本出路就在于必须以十九大报告精神为指引，认认真真领会好贯彻好落实好党的十九大确立的重大判断、重大战略、重大任务、重大举措，用十九大精神指引甘肃发展新征程。

没有贫困人口和贫困地区的小康，就没有全面小康。党的十八大以来，甘肃在脱贫攻坚方面做了大量的工作，取得了明显的成效，但贫困面大、贫困面广、贫困程度深还是甘肃的基本省情，脱贫攻坚任务异常艰巨和繁重。甘肃要打赢脱贫攻坚这场硬仗，就要牢牢遵循十九大报告对扶贫攻坚所提出的新任务、新要求，新机制、新策略，新方法、新手段，新责任、新担当，做实精准工作，用足绣花功夫，确保如期完成脱贫攻坚任务。

甘肃是我国西北地区重要的生态安全屏障，生态地位极为重要。"生态建设的答卷"如何书写？就要以党的十九大精神为指引，认真落实"千年大计"的要求，切实树牢"绿水青山就是金山银山"的理念，做到像对待生命一样对待生态环境。

在千里之外的北京，出席党的十九大的甘肃代表豪情满怀，纷纷表示要全面贯彻党的十九大精神，切实认清甘肃发展的阶段性特征，明确方位、调整思路、坚定信心，努力办好甘肃的事情。以知耻后勇的精神、刮骨疗伤的态度、实之又实的举措，切实抓好生态文明建设的各项工作。以习近平新时代中国特色社会主义思想为指导，做到脱真贫、真脱贫，坚决打赢甘肃脱贫攻坚这场硬仗。

在甘肃的城市乡村、大街小巷，全省各界干部群众激情万丈，处处都涌动着热烈的关切与憧憬。大家表示，衷心拥护党的十九大报告，坚持以习近平新时代中国特色社会主义思想为指导，继续团结奋斗、苦干实干，书写发展新答卷，不断把全面建成小康社会、建设幸福美好新甘肃宏伟事业推向前进。

长期以来，甘肃形成了"人一之我十之、人十之我百之"的苦干精神，如今在十九大精神的指引下，这种精神会更加熠熠生辉。我们相信，甘肃一定能站在更高发展起点上，为决胜全面建成小康社会、夺取新时代中国特色社会主义伟大胜利、实现中华民族伟大复兴的中国梦做出应有的贡献。

把"脱真贫、真脱贫"的要求落实到位

李　强

　　让贫困人口和贫困地区同全国一道进入全面小康社会是我们党的庄严承诺。党的十九大报告就坚决打赢脱贫攻坚战做出安排部署和重要强调，确保到2020年我国现行标准下农村贫困人口实现脱贫，贫困县全部摘帽，解决区域性整体贫困，做到脱真贫、真脱贫。

　　可以说，一个"真"字道出了贫困群众的热切期盼。

　　但精准扶贫往往会撞上形式主义：频繁填表报数、迎评迎检、陪会参会……这一切势必就会耗费基层干部大量精力，干扰脱贫攻坚工作，并且影响党和政府形象。说形式主义害死人确实不是耸人听闻。

　　所以，各地要牢记"脱真贫、真脱贫"这六个字的要求，力戒脱贫攻坚过程中的形式主义。

　　对于甘肃来说，省扶贫办曾出台《关于进一步加强问题整改克服形式主义减轻基层负担的通知》明确规定：有关部门搞形式主义、增加基层负担情节严重并造成不良影响的，严肃追究责任并予以曝光；对搞数字脱贫、虚假脱贫和违纪违规动扶贫"奶酪"的，依纪依规严肃处理。相信这些狠招对于根除形式主义能起到立竿见影的效果。

　　根除形式主义既要治标更要治本。严肃追责，严肃处理，治标是没问题。但是，还要从根源上找出治本之策。纵观一些形式主义作风顽疾，"露头就打"在短时间内是有效的，但风头一过，便又会卷土重来。脱贫攻坚出形式主义，其实是"急躁症"在作祟。正如有识之士所说，随着脱贫攻坚工作进入最后的攻坚阶段，一些地方片面追求脱贫速度，出现形式主义倾向，对脱贫攻坚的艰巨性和长期性认识不足，仍然存在不顾客观条件争着摘帽的"急躁症"。

众所周知，人一旦急躁起来，说话办事就会乱了分寸，就会失去耐心，凡事不管三七二十一，恨不得都能快刀斩乱麻、速战速决。"急躁症"在脱贫攻坚上的"临床表现"主要是做表面文章，通过各种手段从数字上增加群众的所谓"收入"，通过拍脑袋来决定脱贫攻坚的具体政策措施，有的甚至认为精准扶贫就是精准填表，做一些华而不实的表面工作。一句话，急躁了，坐不住了，也静不下来了。

而脱贫攻坚作为一项系统工程，具有艰巨性、长期性、复杂性特点，讲求"长期作战""稳扎稳打""久久为功""步步为营"，忌讳的正是一个"急"字——恨不得一口吃成胖子，一锄头挖出金娃娃。急躁的结果，只会陷脱贫攻坚于走马观花、浮在表皮、华而不实的境地。

因此，落实"脱真贫、真脱贫"的要求，引导各级干部克服脱贫摘帽的"急躁症"是当务之急。只有摒除"急躁症"，才能静下心来一步一个脚印地走，一个骨头一个骨头地啃，才能扑下身子着力解决"因病致贫""教育欠债"等深层次问题，带领贫困群众奔向脱贫致富的康庄大道。

在学术研究中努力实现政治自觉

宋圭武

如何贯彻落实好十九大精神，把十九大精神融入具体实践中，作为一名学者，在深化学术研究的同时，还应努力实现自己的政治自觉，把政治的先进性与学术的创新性有机统一起来。

政治自觉，核心是方向问题，实质是要解决学术研究究竟为谁的问题。作为一名学者，研究学问，绝不应是图自己之小"名"与小"利"，而应是谋大"民"之大"利"，究大"世"之大"理"。马克思说："在选择职业时，我们应该遵循的主要指针是人类的幸福和我们自身的完美。"庄子云："小人则以身殉利，士则以身殉名，大夫则以身殉家，圣人则以身殉天下。"

有了正确的政治方向，明确了为谁的问题，学术研究也就有了强大的精神动力。如果我们真正追求大"民"之大"利"，究大"世"之大"理"，最终必然也就有了属于个人真正的名利。正如马克思所说："人们只有为同时代人的完美、为他们的幸福而工作，才能使自己也达到完美""历史承认那些为共同目标劳动因而自己变得高尚的人是伟大人物，经验赞美那些为大多数人带来幸福的人是最幸福的人""如果我们选择了最能为人类谋福利而劳动的职业，那么，重担就不能把我们压倒，因为这是为大家而献身；那时我们所感到的就不是可怜的、有限的、自私的乐趣，我们的幸福将属于千百万人，我们的事业将默默地、但是永恒发挥作用地存在下去，而面对我们的骨灰，高尚的人们将洒下热泪。"

如何在深化学术研究中实现政治自觉？一是要进一步加强对习近平新时代中国特色社会主义思想的学习和研究。习近平新时代中国特色社会主义思想是马克思主义中国化的最新研究成果，也是总书记个人在长期的工作实践中不断思考的智慧结晶，内容全面深刻，体系完善严密。作为学者，我们应进一步加强学习和研究，努力做到全面深刻、系统准确地掌握。二是要进一步牢固树立政治意识、大局意识、核心意识、看齐意识，尤其要进一步牢固树立核心意识，努力提升自己的政治智慧。三是要围绕十九大精神的总框架开展研究。要把社会经济发展的最需要，看成是自己研究的最需要。四是一定要走出去，把论文写到田间地头。要多到第一线调研，了解真情况，发现真问题，提出真对策。要坚决避免书斋式空谈。尤其对于社会科学研究者而言，调研是更为重要的功课。因为来自社会实践的知识是更为真切的知识，而来自书本的知识主要存在两个误差的叠加：一个误差是作者把自己的内心语言转换为书面语言的误差；一个误差是阅读者把作者的书面语言转换为自己内心语言的误差。这两个误差的叠加导致来自书本的知识的品格总是不如来自实践第一线的切身知识。古人说："纸上得来终觉浅，绝知此事要躬行"，实际也是如此。五是，将自己的调研融入日常行为，随时随地进行调研活动。将调研单独作为一个行为或一项活动，将调研活动与其他活动有意割裂开来，往往容易导致调研本身有一种形式化倾向，也往往容易导致被调研对象隐藏一些对自己不利的情况和信息，不容易调研者全面发现问题。

从一流高校博士到贫困乡镇党委书记

大陇客

张治是清华大学的一名博士。2005年，他从云南考入清华，从本科、硕士、博士到留校工作，在清华一待就是10年。2015年，他做出了一个勇敢的决定，从清华大学政策研究室调至脱贫攻坚任务繁重的甘肃陇南工作。离开学校时，张治说："当初从西部到北京，立志学不成名誓不还；如今从北京到西部，定要全面小康才罢休。"两年时间过去了，张治已经真正扎根一线、融入基层，为当地发展、老百姓脱贫做出了实实在在的贡献。张治说："在清华，眼睛向上，学习最一流最前沿的知识；在基层，眼睛向下，投身最实际最接地气的工作。顶天立地，方能更深入地思考关于国家、关于人民、关于未来的问题。"

来到陇南后，张治先后担任陇南市武都区江北街道办事处主任和裕河镇党委书记。无论在什么岗位上，张治都全心全意地投入工作、真情实意地融入群众。他深度结合当地实际、积极发挥自身优势，创新性地开展了一系列工作，取得了可圈可点的成绩。周围同事和群众纷纷为张治点赞，"水平高、有担当、接地气、了不起"成为大家对张治的一致评价。

"群众给予我们力量，群众也给予我们智慧"

从学校机关到基层政府，工作的性质和内容发生了翻天覆地的变化。如何更快地适应基层，真正将乡镇的工作抓上手？张治在工作中找到了答案，那就是到群众中去。远离家人在西部工作，有时候两个多月才能回一次家，难免感到孤单。但当协调着为群众把路修通、引导着让群众的收入不断增加，群众发来感谢的短信、干群见面亲如一家时，张治体会到了由衷的幸福，更感受到了无穷的力量。同时，张治积极向群众学习，汲取民间智慧，不断改进各项工作。

担任街道办主任期间，各小区管理比较松散，业主意见很大。张治借鉴发达地区的先进经验，牵头组建了业主委员会。业委会组建后，业主们群策群力，与开发商、物业协调沟通，解决了小区供暖、卫生管理等一系列老大难问题，取得了很好的效果。

担任镇党委书记期间，在制定各项决策时，张治都会下村听取群众的看法。裕河镇地处偏远山区、村落分散，有时候下村要走一天，路上没有吃的，就带着馒头，喝山泉水，晚上不能返回，就住在老乡家中。产业为啥不赚钱、低保评定准不准、乡里矛盾咋解决，在昏黄的灯光下、在熊熊的火塘前、在老乡朴素而充满智慧的话语中，张治都找到了答案。张治说："群众给予我们力量，群众也给予我们智慧。"为了群众、依靠群众，我们的事业定能蒸蒸日上、生生不息。

"要做独一无二的裕河"

裕河镇位于武都区东南部，距城区 117 千米，总面积 264.7 平方千米，辖 10 个行政村，1329 户，4951 人，人均纯收入 4420 元，建档立卡贫困发生率为 27.1%，截至 2017 年，还有贫困户 174 户 751 人。面对繁重的脱贫攻坚任务，张治与全镇领导干部多次研讨，提出了"要做独一无二的裕河"的发展口号，从实际出发，不盲目模仿、不从众跟风、不搞面子工程、不要短期利益，而是着眼长远、实事求是、因地制宜，守好一方水土，致富一方百姓。在张治及全镇干部群众的共同努力下，裕河在特色产业发展、生态旅游开发方面走出了一条新路子。

裕河拥有得天独厚的旅游资源，但旅游怎么做出特色，怎么实现差异化发展，裕河一直没有找到自己的定位。张治牢牢把握"绿水青山就是金山银山"这一宗旨，结合镇情，提出了"六点一线"旅游总体规划，即在全镇范围内打造六个功能各异、特色不同的旅游村落，形成全域旅游大格局。六个村落有的突出娱乐功能，即峡谷漂流、水上乐园等，有的突出养生调理，即高端民宿、品茗听风等，还有的突出乡土气息，即农家饭馆、水果采摘等。蓝图实现后，裕河将在周边旅游经济圈中形成独一无二的品位特色，群众也能通过旅游最终实现脱贫致富。

"甜蜜事业，猴区猴桃，群众的生活更有盼头"

裕河多年来以茶叶和中药材种植为主产业，目前市场已接近饱和，发展速度减缓，增收效果有限，产业结构需要进一步优化和完善。2016年，在对全镇蜂蜜产业深入调研和对市场前景全面分析的基础上，裕河镇开始大力发展蜂蜜产业，并提出了"将甜蜜事业进行到底"的口号。为了使更多的群众发展养蜂并且从中受益，张治多次联系龙头企业和养蜂专家，依托畜牧局举办专场培训，并在裕河成功举办了全区的养蜂培训现场会。2016年，全镇蜂蜜产值达到120万元，"甜蜜事业"让群众尝到了甜头，更让群众的生活有了盼头。

裕河气候温和，生长着大量的野生猕猴桃，是猕猴桃的适生区。2016年，张治带领群众代表赴四川苍溪县实地考察红心猕猴桃产业，并开始引进种植。截至目前，已在全镇建成了150亩红心猕猴桃种植示范基地，在合作社的规范运营下，农户通过地租、劳务、分红，收入实现增长，脱贫有了希望。

农特产品好，还要卖得出。张治带领全镇干部群众积极发展电子商务，全镇共建成网店21家，销售茶叶、香菇、木耳、天麻、猪苓、蜂蜜等裕河土特产，实现销售额553万元。"武都金丝崖蜜""裕茶""猴区猴桃"等独特品牌更是深入人心,逐渐赢得了市场。

"真理来源于两个地方,一个是大学,一个是基层"

人们常说,大学是距离真理最近的地方。但在农村摸爬滚打了几年,与农民群众同吃同住,张治有了更多的体会:"真理来源于两个地方,一个是大学,一个是基层。距离土地越近,距离真理越近。"在精准扶贫工作开展过程中,网上出现了很多争议的声音,有人说乡镇干部不作为工作慵懒,有人说贫困群众不愿干缺乏感恩,但真实的情况远比一句简单的判断复杂得多,对此更深入的认识也只可能来源于基层。张治发挥在清华政策研究室工作时积累的功底,开展了大量的实证研究,系统性地提出了"全面引导、典型带动、干部帮扶、群众主体"的扶贫工作法,取得了很好的效果,现在很多贫困户的产业起来了,干群的关系融洽了,美好的生活也指日可待了。事非经过不知难,绝知此事要躬行,实干中积累经验、丰富阅历,在人生的另一所"大学"中,张治收获着无限的真理。

两年多的时间,不变的是清华的素养,增加的是奋斗的足迹;放弃的是可观的收入,收获的是宝贵的阅历;丢掉的是年轻的浮躁,沉淀的是内心的从容。在生态优越、古朴美丽的裕河,张治正在用青春与汗水,书写不平凡的人生故事,在基层最广阔的舞台上,让理想生根发芽,让梦想照亮现实!

实施生态治理　重现绿水青山

——故乡的小河

武威市网信办

　　我的故乡位于石羊河流域的下游——武威市民勤县大滩乡，一个紧靠巴丹吉林沙漠的小村庄，家门口的四五百米处横亘着一条小河，小河是小时候我们村里人对小河的统称，其实小河只是石羊河流域下游的一条支渠而已。

　　二十世纪八十年代初期，处于少年时期的我，最喜欢玩耍的地方就是那条小河了。那是一条宽约六米的小河，小河最美的是河底非常细软的沙子、河岸茂密的沙柳和河堤上高大挺拔的白杨树。那时候，每年初夏到深秋，小河里都要放四五轮水浇灌故乡的农田，每轮水停后，小河就成了我们玩耍的欢乐谷。水闸前聚集的水坑，是我们学习游泳的乐园。周日的时候，我和小伙伴们总会不约而同地聚集在河边，脱光了衣服，扑通扑通跳到水里面，学习最原始的泳姿——狗刨刨，小伙伴们一起打水仗，天真欢快的笑声荡漾在小河两岸，也深深地印刻在了我的童年记忆中。

　　小河灌溉完一轮水后，只要有坑坑洼洼的地方，总是挤满了小小的鱼儿和青青的对虾，我们就找个罐头瓶子去抓几条小鱼，精心地养育。小河在浇灌庄稼的同时，也把自己的"乳汁"通过地下水系统哺育给了周边的沙漠。那时候，故乡周边的沙漠里地下水位很浅，沙漠边缘种植的沙枣防风林犹如一道坚固的绿色长城，沙漠跟耕地之间过渡的柴湾里长满了密密麻麻的苦豆子、芨芨草、黄蒿、甘草等天然防沙植物。沙漠里，沙棘、梭梭、柽柳还有我们称之为芦草的芦苇，都长得非常茂盛。每年七月，我们都要到沙漠里去捋沙棘果，带着露水的沙棘果味道就跟小葡萄一样甜美。村组在每年秋天还要组织群众进驻沙漠收割芦草，用来饲养牲畜。那时候的沙漠在地下水的滋养下，完全是一副水草丰美的壮美景象。

二十世纪八十年代末期，我离开故乡到武威生活、工作，每年只有极少的机会回去，那条伴随我成长的小河同我的距离越来越远，也少了许多小时候的亲密感，但每次回到故乡，我总是会情不自禁地走到小河边，下意识地去寻找孩提时代小河留给我的美好记忆。然而，那条小河已在我远离小河的日子里被岁月慢慢吞噬，失去了往日的风采。先是砍伐了河堤上日渐枯死的白杨树，而后又铲除了河岸上因无水浇灌而枯萎的沙柳，小河也被无奈地穿上了厚重的浆砌混凝土预制块外衣。看到小河颓废的样子，我的心里涌起一种莫名的悲伤，就像小时候被人抢去了自己最心爱的玩具一样。但是，故乡的人们却丝毫看不出对小河的依恋，他们沉浸在丰收的喜悦中自我陶醉，面对地下水日渐下降，沙漠一天天逼近家门，原来密密麻麻、高大挺拔的白杨树、沙枣树枯死毫无知觉，安然自在。

面对越来越少的上游来水，故乡的人们希望通过对小河的改造来解决问题，但这只是一个美好的愿望，在小河被改造后的十来年里，只看见河底的沙子日渐增多，埋住了小河的半个身子，却没有换来一滴水。小河俨然成了一条存贮沙子的小仓库，完全失去了输送灌溉用水的作用，黄沙覆身的小河被两岸光秃秃的渠堤守护着，死气沉沉，全然失去了它原本的魅力和光彩，只能默默地躺在那里。

小河之所以失去了它本来的功能，是因为小河上游的红崖山水库出现了越来越严重的蓄水危机。2004年6月，由于民勤县境内降雨偏少、石羊河上游断流以及灌区用水紧缺等多种因素，红崖山水库出现了建库以来的首次干涸。同时，地处下游的故乡的亲人们受农产品价格大幅上涨等经济利益的驱使，兴起了大规模的开荒热潮。由于自身需水规模的扩大，地下水开采量大幅增加且严重超采，地下水位持续下降，矿化度持续上升，水质恶化。原本在沙漠边缘长满黄蒿、白蒿、甘草的柴湾，被新垦为农田；原本在沙漠腹地长满芦苇的丘间低地，用于种植籽瓜。特别是1995年到2005年的10年间，故乡的亲人们大举向沙漠进军，一根根高压电线通向沙漠，一眼眼机井在沙漠中开凿出来。故乡群众的钱袋子一天天鼓起来了，与其相伴的却是地下水位急剧的下降，沙漠中的梭梭、柽柳、芦草等望水兴叹，大面积衰退、死亡。沙漠不断向我的家门口推进，原本充满生机的沙漠绿洲，逐渐变成了没有绿色的沙洲。

故乡极度恶化的生态环境问题引起了党中央、国务院的高度重视和社会各界的广泛关注。国家发展改革委和水利部多次实地调研，并召开专题会议研究石羊河流域的治理问题。在规划修改报批期间，为尽快遏制流域生态恶化态势，2006年至2007年，国家安排专项资金3亿元，先期启动了石羊河流域重点治理应急项目。中央领导的高度重视和有关部门的大力支持，使石羊河流域重点治理工作有了良好的开端。2006年以来，民勤县将关井压田作为推进石羊河流域民勤属区综合治理的一项重点措施来抓，取得了两年关井1004眼，压减耕地13.76万亩，减少地下水开采量约0.80亿立方米的成效。

自2007年以来，石羊河流域上游全面启动石羊河流域治理工程，节水型社会建设、调整农业种植结构、实施灌区节水改造工程等多项措施逐年实施，地处下游的故乡，同样投入到轰轰烈烈的石羊河流域重点治理战场。故乡的小河旧貌换新颜，小河的两岸，又栽种上了白杨树，与之相配套的斗渠、农渠也都用浆砌混凝土预制块、U型混凝土预制槽进行了衬砌。故乡的群众也被日渐增多的沙尘暴唤醒了利令智昏的头脑，纷纷关闭机井，拆除抽水设备，从沙漠中开辟的籽瓜田里撤了出来。他们开始搭建日光温室、养殖暖棚，并在日光温室内使用微滴灌、渗灌、微喷灌等高新节水技术；开始压缩用水量大、效益低的农作物种植面积，积极使用覆膜种植、垄植沟灌等种植栽培模式；农作物种植品种从黑籽瓜转变成棉花、茴香、葵花、辣椒等耗水量低、经济效益高的作物；他们又带着梭梭苗和麦捆走进沙漠，埋设沙障，种植梭梭，栽植防护网。

通过石羊河流域重点治理，红崖山水库又呈现出碧波荡漾的壮美景象，石羊河流域的尾闾——青土湖重现昔日碧波荡漾的景象，各类水鸟、野生动物开始在这里生息繁衍，大片的芦苇荡边水鸟嬉戏，与远处的沙丘形成鲜明比照。故乡的小河也随之绽放出了灿烂的笑容，小河又迎来了红崖山水库的甜美"乳汁"，不仅在每年春夏补充灌溉故乡亲人们的农作物，还通过小河将水输送到沙漠腹地，去滋养防风固沙的梭梭等沙生植物，填补地下水。

党的十九大报告指出"人与自然是命运共同体，人类必须尊重自然、顺应自然、保护自然。人类只有遵循自然规律才能有效防止在开发利用自然上走弯路，人类对大自然的伤害最终会伤及人类自身，这是无法抗拒的规律"。近年来，故乡的群众对生态治理的认识越来越深刻，"绿水青山就是金山银山"的理念渐入人心，防沙治沙，保卫民勤，阻止两大沙漠合拢的信心和决心愈加坚决。他们严格落实水权管理制度，大力发展高效节水灌溉技术，自觉加入生态治理的队伍，压沙播绿。如今，故乡的沙漠里，草方格沙障连绵不断，绿油油的梭梭生机盎然，金黄色的沙漠又披上了一件绿色的外衣。走在故乡的小河边，两排白杨树已出落得亭亭玉立，河道两岸的日光温室、养殖暖棚随处可见，茁壮成长的农作物生机勃勃，各级渠道纵横相连，小河里不时有清流淙淙而来，又一副和谐的画面映入眼帘。

小河又给我带来了新的希望，我相信它的明天会更加美好！

以乡村振兴战略为总抓手全面推进农村工作

宋圭武

中央农村工作会议于 2017 年 12 月 28 日至 29 日在北京举行。会议指出，实施乡村振兴战略，是我们党"三农"工作一系列方针政策的继承和发展，是中国特色社会主义进入新时代做好"三农"工作的总抓手。必须立足国情农情，切实增强责任感使命感紧迫感，举全党全国全社会之力，以更大的决心、更明确的目标、更有力的举措推动农业全面升级，农村全面进步，农民全面发展，谱写新时代乡村全面振兴新篇章。

在新时代，实施乡村振兴战略是一个基于国情的正确战略选择，是一个具有全局意义的大战略。我们要在习近平新时代中国特色社会主义思想指导下，把乡村振兴这个大战略实施好，把十九大精神贯彻落实好。

实施乡村振兴战略，从长远发展看，是实现中华民族从站起来、到富起来、再到强起来的重要途径。从当前现实看，改革开放以来，我国乡村虽然取得了快速发展，但城市发展更快，客观需要进一步加快乡村发展，实现城乡关系均衡协调。此外，在国外农产品的挤压下，我国农业发展效率不高的问题也较为突出，客观需要大力推进农业供给侧结构性改革，提高农业竞争力。我国是一个大国，内需是经济增长的重要动力，要扩大内需，必须要进一步提高农民收入，进一步扩大乡村市场需求。

实现乡村振兴，总的目标要求是产业兴旺、生态宜居、乡风文明、治理有效、生活富裕。要实现这个总目标要求，必须全面贯彻落实好十九大精神，具体需要着力从五个方面大力推进。

一是大力发展现代农业。在生产资料方面，土地是农业生产中最重要的生产资料，要进一步完善土地承包制，保持土地承包关系长久不变，给农民以稳定的生产预期；在生产组织方面，要进一步壮大集体经济和合作经济，大力提高农业生产的规模效益和分工效益；在生产结构方面，要保证粮食生产，确保国家的粮食安全，把中国人的饭碗牢牢端在自己手中；在生产服务方面，要进一步健全农业社会化服务体系，实现小农户与现代农业发展的有机衔接。另外，发展现代农业，一定要推进农业的绿色发展，一定要坚持好生态化原则，要把生态化作为最重要的品质。民以食为天，生态化也是农业最核心的竞争力。

二是大力推进美丽乡村建设。乡村建设一定要有科学的规划和计划，不能自由无序。要大力整治乡村环境的脏、乱、差问题。各地应根据自身特点推进美丽乡村建设，不应有统一模式，但核心应是实现美丽与生态的有机统一。从西部农村看，大力发展庭院经济是一个方向。因为西部农村大都有一个大庭院，但利用效率不高，因此开发潜力巨大。发展好庭院经济，可实现经济效益、社会效益、生态效益的有机统一。

三是进一步加大乡村精神文明建设力度。要发挥社会主义核心价值观对乡村精神文明的引领作用，让健康阳光的精神食粮进入乡村市场。要大力推进乡村道德建设，通过喜闻乐见的教育活动，激励人们向上向善，孝老爱亲，热爱国家，服务社会。要大力普及科学知识，进一步弘扬科学精神。要大力改造落后旧习俗，提倡健康文明的生活方式。

四是要健全自治、法治、德治相结合的乡村治理体系。一方面，我们要提倡自治，这是推进治理民主化的客观需要；另一方面，自治必须要建立在法治的基础上，这也是建立法治社会的必然要求。要实现真正的法治，还需要德治来配合。法安天下，德润民心，道德是法律的内在保障。缺乏德治的法治，往往会空壳化或形式化，缺乏法治的灵魂。要完善乡村治理，还需要进一步提高农村干部队伍素质，培养造就一支懂农业、爱农村、爱农民的"三农"工作队伍。

五是把乡村振兴和脱贫攻坚有机结合起来，坚决打赢脱贫攻坚战。要打赢脱贫攻坚战，关键是要充分激活贫困乡村发展的内生动力。在注重物质脱贫的同时，注重精神脱贫，把扶贫和"扶志""扶智"有机结合起来。尤其是对于深度贫困问题，更要注重精神脱贫。要大力激活贫困乡村的创新动力，创新驱动是贫困乡村实现与发达地区同步富裕或跨越发展的必然路径。脱贫攻坚要和环境保护有机结合起来，不能有了金山银山，却没有了绿水青山。另外，要进一步完善针对贫困人口的社会保障制度，对一些缺乏劳动能力的贫困人口，通过社会保障，实现兜底脱贫。

乡村振兴战略实施过程中，要按照中央的部署稳步进行，分阶段推进，不能急躁冒进。到2020年，要形成振兴的基本发展框架；到2035年，要取得决定性进展，要基本实现农业农村现代化；到2050年，乡村实现全面振兴，最终农业强、农村美、农民富全面实现。

实现乡村振兴，需要全社会综合发力，关键在党。要切实加强和改善党对农村工作的领导。各级党委要高度重视农村、农业、农民问题，要坚持乡村与城市协调发展思路。

实施乡村振兴战略，需要注意以下几个问题：一是要考虑乡村多数人的发展，而不仅仅是少数人的富裕；二是要考虑长远的振兴，而不是短期的振兴；三是乡村振兴要更多考虑社会效益、生态效益和国家粮食安全等问题。

正如中央农村工作会议指出的，在中国特色社会主义新时代，乡村是一个可以大有作为的广阔天地，迎来了难得的发展机遇。实现农村振兴，我们有习近平总书记把舵定向，有党中央高度重视、坚强领导、科学决策，有全党全国全社会大力支持、积极参与，有社会主义的强大制度优势，有亿万农民的创造精神，有强大的经济实力支撑，有历史悠久的农耕文明，有旺盛的市场需求。我们必须按照党中央决策部署，坚定信心、咬定目标，苦干实干、久久为功，扎扎实实把乡村振兴战略向前推进。

为啥总和一桌饭过不去

杨　恒

今天坐公交车，听到几句有意思的聊天："……纪委真是没事干，为啥总是和一桌饭过不去，害得人没法办事了。""就应该好好管管，我家小区楼上有一家私人会所，来的车动不动占了小区车位，为这事，经常和业主吵翻天。"

从对话中听得出两个人的立场。一位要给孩子找工作，托不了人，请不了饭，不知道怎么办；一位被自家小区的私人会所搞得"头大"，打算把私人会所来客的车牌拍下来举报。

不难听出来，一位乘客觉得纪委管请客吃饭的事，管得宽了，另一位乘客觉得还不够严。

"为啥总和一桌饭过不去。"说明这两位乘客注意到了中央持之以恒、抓常抓长、整饬作风的一贯做法。也许这位乘客还注意到2017年中央纪委和省纪委作风建设的部署：王岐山在报告中讲，紧盯无视中央八项规定精神、潜入地下公款吃喝问题；刘昌林也在报告中点，不吃公款吃老板，专吃高档小区一桌餐。就为一桌饭，从中央到地方，各级纪检监察机关年年查，时时禁，还是查而不绝、禁而不止。这足以说明与一桌饭相关的"亚腐败"已经成为一种"亚文化"，渗透到人们的日常生活之中，剥离起来，连血带肉，有些困难。

这位乘客给孩子找工作,第一步想到的就是请客吃饭。这是因为我们习惯了权力的私有化,从公权过渡到私交,这中间需要一个桥梁和纽带,吃饭是最好不过的选择。饭桌上公与私界线模糊起来,被请的人从某长变成了老乡、同学、亲戚,请客的人也消减了地位上的差距,从求人办事的低人一等,变成可以交流对话的平等相待。正因为更容易融洽相处,在传统熟人社会里,人们千方百计地将陌生人熟人化。长此以往,饭桌就成为腐败"亚文化"的最佳载体。是文化,就有它不合规矩却合情理的顽固性。正因为顽固,饭桌才从高档酒店搬进私人会所,从单位食堂搬到农家乐,有可能明天还会搬到更隐蔽、更难发现的地方。

有吃饭,就有买单。钱谁掏,是个问题。对于工作来说,我办的是公事,自然是单位掏钱,"三公经费"限制了,只好找利益关系人,张老板想跑个项目,张老板不掏钱说不过去吧。一个愿打一个愿挨,有多少人想掏腰包还排不上队呢!有机会请客买单,头回生二回熟的,都成朋友了,能不帮个忙吗?当然,你也可以一无企业,二无工程,但你正求人办事呢,办证、贷款、报销、看病、找工作、申请惠民补贴,哪个门里都得有一两个管用的人,要认识人,连个饭都没吃,能认识吗?于是无可选择地上了饭桌,心甘情愿地掏了腰包。

因此,一桌饭的问题不仅仅是一桌饭的问题,也不是单纯的作风问题,而是公权力走向腐败的入口,也是绑架公共权力的初级阶段。需大于供,就有饭桌在等着,即使不知道下一个设在什么地方,即使谁都深恶痛绝之。

当一桌饭成为影响公权力的导火索,就应该坚决查处,带着恒心和韧劲,查到谁都不敢吃、谁都不想吃、谁都知道不能吃,才算画上句号。要真的和一桌饭说永别,后一位乘客将要做的事,也应该是广大网民要做的事。随手拍,随手报,各级纪检监察机关都有非常便捷的平台。只有全社会参与进来,培育良性正常公平的公私关系、"清""亲"的政商关系,饭桌所依赖的腐败"亚文化"土壤被铲除了,那桌饭自然会自动消失。

激情燃烧的"互联网+"时代，
点燃甘肃民众获得感

张楠之

在一年前的 2016 年 4 月 19 日，习近平总书记在网络安全和信息化工作座谈会上发表了重要讲话。

"网络空间是亿万民众共同的精神家园。""我国经济发展进入新常态，新常态要有新动力，互联网在这方面可以大有作为。""网信事业要发展，必须贯彻以人为本的发展思想。"……一年来，甘肃牢牢遵循这些重要指示，以践行发展新理念上的"先行一步"，推动网信事业的"更快一步"。走过这一年，伴随着"互联网+"的崛起，更多的甘肃人有了用得上、用得起、用得好的信息服务，借助强劲"网动力"，让越来越多的甘肃人在共享互联发展成果上越来越有获得感。引以为豪的是，"互联网+"作为前行中的一个重要印记，必将载入甘肃发展的史册。

科技改变生活，网络精彩世界。一年来，我们欣喜地看到，甘肃省的互联网发展已经渗透到社会生产生活各个方面，深刻改变着人类社会的运行方式，加速着人类文明进步的步伐。互联网不但推动着制造业、农业业态发生重大变化，而且还促进了甘肃省贸易形势的发展。"互联网+农业""互联网+精准扶贫""订单农业""互联网+智慧养老""互联网+电子社保建设""甘肃一卡通"等的出现和发展，形成了一些值得推广的成功模式，促进了"互联网+"行动向纵深发展。借助互联网，农产品走出了乡村，山沟里的孩子接受了优质教育，许多落后的山村人家过上了富裕幸福的生活。

习近平总书记强调，群众在哪儿，我们的领导干部就要到哪儿去。各级党政机关和领导干部要学会通过网络走群众路线。由是，"互联网+政务服务"这张牌在甘肃响亮打出。意味着群众少跑腿——坐在家里打开手机就能办事，意味着信息就要多跑路——制定了《甘肃省深入推进"互联网+政务服务"工作方案》，大力推行政务服务事项网上办理，让政府服务更智能，让企业和群众办事更便捷。35个省政府工作部门的310项行政许可事项可通过甘肃政务服务网进行网上申报、办理、查询和结果反馈，14个市州、兰州新区以及大部分县区的权利事项通过甘肃政务服务网实现在线申报办理。行政效率的提升折射出政府"让群众少跑腿，让信息多跑路"的理念和实践，也为"互联网+政务"的巨大发展前景写下注脚。

"互联网+"行动计划的纵深推进，带动的必然是经济持续发展的不断走强。2016年，仅兰州，电子商务交易规模就达980亿元，增长35.7%；本地电商企业实现交易额27.3亿元，比去年净增20亿元，增长273%。电子商务的"成县模式"由商务部向全国推广，兰州、嘉峪关、白银、敦煌先后被确定为国家信息消费试点城市。兰州等城市成为国家电子商务示范城市或示范基地，部分企业被评为国家电子商务示范企业。振奋人心的好消息，接踵而至。

走过这一年，"互联网+"的精彩乐章响彻陇原大地。2017年是实施"十三五"规划的重要一年，处于互联网发展的新方位，甘肃如何铿锵前行，"+"出互联网的加速度，许多谋略其实已悄然进行。甘肃省委网信办主任、省互联网信息办公室主任梁和平就表示，未来甘肃省将突出顶层设计，加强统筹协调，制定出台事关信息化和电子政务全局发展的政策文件，推动信息基础设施建设，推进政务数据资源共享开放、开发应用，降低信息应用成本。

筑牢脱贫兜底保障防线

朱 丹

省十三次党代会指出："把低保兜底脱贫作为基本防线，加强农村低保同扶贫开发有效衔接，确保应扶尽扶、应保尽保。"这是新一届省委对全省人民的庄严承诺，是省委践行宗旨、执政为民的具体体现。

"十二五"期间，甘肃民政立足民政系统职能，理清脱贫攻坚举措，扛牢社会保障兜底脱贫责任，以实际行动助力全省脱贫攻坚任务如期完成。

找准创制立法"突破口"。借助省委、省政府高位推动优势，《甘肃省社会救助条例》《甘肃省城市居民最低生活保障办法》《甘肃省农村居民最低生活保障办法》《甘肃省人民政府关于加快发展养老服务业的实施意见》等一大批含金量较高的地方性法规、政府规章以及政策性、规范性文件相继出台实施，一系列影响和制约民政改革发展的突出问题得到有效解决，全省民政呈现出后发赶超、转型跨越的良好态势，民政在托底线、提民生、促发展中的作用有效发挥。

稳步提高救助"标准线"。全省城市低保月保障标准和月人均补助水平分别由"十一五"末的204元、187元提高到"十二五"末的380元、328元，分别增长86.3%、75.4%；农村低保年保障标准和月人均补助水平分别由850元、65元提高到2434元、145元，分别增长186.4%、

123.1%；农村特困人员救助供养省级补助标准从每人每年1600元提高到3514元，增长119.6%。特别是2016年农村低保一、二类对象，年人均补助水平分别达到3420元、2988元，通过提标提补，全省141.1万农村低保一、二类对象和农村特困供养人员实现了收入上的"政策性脱贫"。

加强资金管理"规范化"。我省社会救助资金逐年增加，"十二五"期间共筹集各类社会救助资金386.9亿元，比"十一五"的127.3亿元增加了259.6亿元，增长203.9%，年均增幅达25%。救助管理更加规范，通过全面开展城乡低保清理规范工作，探索形成了有效期管理、分类认定低保对象、"3+1"综合测评认定"三个管理办法"，建立了社会救助部门联席会议、居民家庭经济状况核对、"一门受理、协同办理"、社会力量参与社会救助"四个机制"，社会救助制度化、规范化水平不断提高。

目前，我省城乡低保、农村特困人员救助供养基本实现了动态管理下的应保尽保，保障人数由"十一五"末的417.2万人增加到"十二五"末的428.1万人，增长2.6%；医疗救助、临时救助基本实现了应救尽救，其中医疗救助人次数从452万人次增加到1538万人次，增长240%，临时救助人次数从43.41万人次增加到104.53万人次，增长140.8%。

"三变"激发农村发展新活力

王文霞

"地是我的，股份我也有，每天还能挣100块钱，这样的好事，以前想都不敢想。"积石山县寨子沟乡尕马家村贫困户马福祥攥着刚刚从合作社领到的2400元年底分红，笑得合不拢嘴。

当了半辈子农民的马福祥，现在有了两个新身份——"新股民"和"职业农民"。

他把家里的土地"入股"到积石山县寨子沟乡青丰中药材农民专业合作社，除每年固定领到2400元的土地入股红利外，中药材收获还可以与其他入股农民一道，按照30%的比例参与分红。像马福祥这样成为"股民"的农民在积石山县越来越多。

积石山县是国列省列扶贫开发工作重点县，也是全省58个集中连片特困县和23个深度贫困县之一，村级组织、企业、农民三者缺乏共同利益纽带，小规模分散经营、管理理念落后、市场前瞻性差、资金形不成合力成为制约农村集体经济发展、老百姓增收困难的直接因素。

如何才能让农村"三变"改革真正受惠于民，让农村集体经济真正"活"起来？

基于此，积石山县积极创新农村"三变"改革方式，采用"村集体+合作社+农户""村集体+企业+农户"等模式，坚持循序渐进、试点先行的原则，让市场机制和资本运作模式引入农村，促使各类资本要素流动起来，农民从传统生产方式中解放出来，制度创新的激活效应集中凸显。

"农村资源变资产、资金变股金、农民变股民"，这悄然的变化正在改写着农村的历史、改变着农民的命运——在积石山县寨子沟乡尕马家村和石塬乡肖红坪村，积石山县农村"三变"改革的探索和尝试迈出了成功的第一步。

一变：让农村的资源成为有效益的资源

积石山县石塬乡肖红坪村充分利用毗邻尕护林、黄草坪、大山庄峡、大墩峡等景区的优势，由县、乡、村三级酝酿协商，以"村集体+公司+农户"的模式，按照每亩900元到1200元不等的价格，将全村35户农户的77.6亩土地流转给积石山县陶韵生态旅游开发有限公司，用来发展风景观光农家旅游，盘活闲置的村集体土地、房屋产权等资源，提高集体土地利用率，增加农民收益。

"绿水青山就是金山银山，金山银山就是绿水青山，发展生态旅游是我们村发展集体经济的不二之选，农村'三变'改革把家庭经营与市场有机地衔接起来，辐射带动周边农民可直接解决就业岗位60个，让我们老百姓可以在家门口挣钱了"，石塬乡肖红坪村党支部书记张志庆坦言。

土地"入股"，本质是将资源变股权，让沉睡的资源"活"起来，资源变股权，变出一个个令人意想不到的"惊喜"。

全省农村"三变"改革推进工作会议后，积石山县对农村资源进行核查清理、登记备案、评估认定，采取土地入股、房屋产权入股等多种形式，转换为企业、合作社或其他经济组织的股权，推动了群众资产股份化、土地股权化。

积石山县共有1500多万亩耕地，让土地变成资源，用来发展农村旅游、中药材种植、特色养殖、特色林果、电子商务，让农民成为"兼职农民"，一边种地一边打工，以后要通过"土地流转"让农民成为职业农民，再让职业农民变成产业工人，在家乡就地务工，以此来推动乡村的基础设施建设。

"出外务工的农民都归乡了，农村的活力就又回来了，用土地入股合作社其实就是将'死财产'变成了'活资源'。"石塬乡党委书记何永明告诉记者。

银川乡党支部书记李文垚说："用土地入股实现了土地、资金、技术、劳动力等生产要素的合理流动和资源的优化配置，银川乡是全县最大的花椒出产地，我们的花椒合作社正在新建中，建成后，实现花椒生产的集约化、规模化发展指日可待……"

二变：让资金从分散化向组织化转变

如何把有限的财政资金用在刀刃上？积石山县在坚持不改变资金使用性质及用途的前提下，将财政投入从村的发展类资金转变为村集体和农民持有的资本金，投入企业、合作社或其他经济组织，村集体和农民按股比分享收益。

"土地不'撂荒'，收益有保障，这样的赚钱方式我们喜欢。"积石山县石塬乡肖红坪村村民张学成把自家的7亩地入股了积石山县陶韵生态旅游开发有限公司，他还主动在村里当起了宣传员，带动更多的乡亲"变身"股民。

寨子沟乡尕马家村青丰中药材负责人董赛力木以每亩400元的流转费从该村147户农户手中流转土地822亩种植马铃薯、当归、黄芪、党参、大黄等中药材，年纯收入达20万元。

同村的马占青以家庭承包的7亩土地入股，入股期限为20年。在合作社盈利前，每年可获得2800元的保底分红，村里其他入社的会员，都将同马占青一样"零风险"获得分红。

在青丰中药材农民合作社，合作社将与土地入股的村民签订入股合同，入股村民也能拿到股权证，上面清晰记载着入股形式和保底分红金额，合作社社员还可以参与合作社管理，解决了当地农民就近就地务工，提高了农民投身农业的积极性、主动性。

"通过量化入股、合股经营，转变了农民的身份，也转变了农民的生产观念和产业的发展模式，变单户经营为合作经营，老百姓的风险低了，合作社抵御市场风险的能力也大大加强了。"青丰中药材农民专业合作社负责人自信地说。

三变：从被动化向主动化转变

让人欣喜的是，在这场变革中，不论是村干部，还是村民，还是企业家，都积极参与，大家的观念改变了，从过去的被要求改革变为现在的主动参与改革。

寨子沟乡尕马家村党支部书记马福山告诉记者："当得知县里要在我们村进行农村'三变'改革试点后，我们老百姓可以成为合作社的股东，群众参与的积极性都很高，以前都是我去找他们，现在都是他们来主动找我，老百姓的观念转变很大。"

青丰中药材农民合作社负责人董赛力木告诉记者积石山县财政还为村集体经济入股100万元，帮助发展壮大村集体经济。合作社、村集体和农户拧成一股绳，不信我们的老百姓不能脱贫致富。

"前不久，我还对合作社进行了扩建，修建了中药材分拣区、加工区、办公区、交易区，我要把合作社打造成全县最大的以种植、加工、购销为一体的中药材交易市场，让我们的老百姓分到更多的红利，早一天奔上小康。"说起未来的打算，董赛力木信心满满。

"种自己的土地，有自己的股份，在基地务工每天有收入，还可以照顾老人和孩子，我心满意足了！"谈到"三变"带来的实惠，石塬乡肖红坪村村民肖如山激动不已。

农民变股民，说到底，其实是农村生产关系层面的变革。此举不仅拓宽了农民增收渠道，改变了农民生产生活方式，更重要的是，通过农民变股民，推动了扶贫方式的变革。

在积石大地上，农村"三变"改革的春风已吹开扶贫致富花，发展壮大村集体经济的"一池春水"已然被激活。

在新的起点上建设幸福美好新天水

胡丽霞

　　有目标才有奔头，有奔头才有劲头。省第十三次党代会是在全面建成小康社会进入决胜阶段、甘肃改革开放和现代化建设进入关键时期召开的一次十分重要的会议，意义重大，影响深远。党代会通过的工作报告，是指导我们今后工作的纲领性文件，为我们做好工作提供了遵循，提出了目标，指明了道路。在今后的发展中，我们要不折不扣地贯彻执行省党代会精神，做到在思想上认同、工作上落实、行动上看齐，以更高的标准、更严的要求、更实的举措，在新的起点上建设幸福美好新天水。

　　当前，我市正处于重大历史机遇最为集中的时期，处于各种优势最能有效释放的时期，处于新旧动能转换最为紧要的时期，处于发展跨越提升最为有利的时期。贯彻执行省党代会精神，就要站在新的起点上，面对新使命，认清历史方位，把握发展大势，做到知行合一、学以致用，以实际行动来体现，以经济社会发展成效来确保，力争圆满完成"十三五"开局之年的各项任务目标，推进经济社会发展再上新台阶。

　　贯彻落实省党代会精神，建设幸福美好新天水，就要全面落实习近平总书记系列重要讲话精神，尤其是他在视察甘肃时提出的"八个着力"重要指示精神，充分发挥天水资源优势、文化优势、环境优势、区位优势，落实好"关天经济区引领、国家级园区支撑、现代化城市带动、县区组团式发展"战略，把握好国家实施"一带一路"及脱贫攻坚、生态文明建设等一系列政策以及中央、省委、省政府的大力支持、全市上下政通人和的政治生态和山清水秀的自然人文生态优势，坚定信心，真抓实干，努力实现全市人民将天水建成幸福家园、中华民族的祭祖圣地、中外游客的度假天堂"三大愿景"。

贯彻落实省党代会精神，建设幸福美好新天水，就要认真落实习近平总书记"八个着力"重要指示精神，着力在经济转型升级、环境保护和生态建设、扶贫攻坚、民主法治建设、宣传思想文化建设等方面实现新提升。对天水而言，就是要抢抓机遇，以协同发展引领对外开放，提升承载平台，激发全面创新，补齐发展短板；就是要坚持绿色发展不动摇，强化生态支撑，坚持绿水青山就是金山银山；就是要坚决打赢精准脱贫攻坚战，深入开展"脱贫攻坚在行动"，突出聚焦产业扶贫，搞好美丽乡村和特色小镇建设，借势借力加快脱贫步伐；就是要扎实推进民主法治建设，全力打造法治天水、平安天水；就是要壮大主流思想舆论，加强公共文化服务体系建设，推进文化事业产业发展。

贯彻落实省党代会精神，建设幸福美好新天水，就要坚决落实全面从严治党战略部署。目前，全市上下政通人和万事兴、风清气正劲头足的良好局面已经形成。我们要齐心协力优化政治生态，把思想政治建设放在首位，全面加强和规范党内政治生活，坚持正确的选人用人导向，大力营造担当实干的浓厚氛围，深入开展党风廉政建设和反腐败斗争，为加快"转型升级、绿色发展、跨越提升"打造良好的政务环境。

蓝图已经绘就，号角已经吹响。省第十三次党代会为我们开展好未来五年各项工作指明了方向，各级各部门要认真组织好、学习好、传达好、贯彻好省党代会精神，认真谋划好今后五年的工作，全力以赴做好当前工作。让我们积极行动起来，坚定信心、真抓实干，抢抓机遇、开拓进取，为加快建设幸福美好新天水提供强劲新动能。

尊师重教，一个永不过时的话题

李　强

　　写下这个标题，那是因为有不少地方在又一个教师节到来之时对"尊师重教"做出重重的强调。甘肃也在其列。在省委、省政府召开的庆祝教师节暨优秀教师表彰大会上，省委书记、省人大常委会主任林铎强调，要深入学习贯彻习近平总书记关于教育工作的重要讲话和重要指示精神，大力弘扬尊师重教优良传统，让全社会都来关心教育、支持教育，推动全省教育事业加快发展，努力办好人民满意的教育。

　　反复强调尊师重教，这与有没有新意无关，而与当前教育的现实语境有关。既然强调，而且是一年又一年反复强调，一方面说明发扬这样的优良传统非常重要，另一方面则暴露出在"发扬上"还不够，需要"再加把劲"。

　　细细分析便会发现，诸多教育问题的解决之道靠的其实就是尊师重教。比如择校问题，择什么，无非一是"择师"，希望选择好的老师，二是"择风"，希望选择好的校风。如果老百姓觉得自己家门口的学校都是好的学校，这个问题就不是问题。可是好老师好校风何来，尊师重教是重要支撑。如林铎在讲话中强调，要努力形成尊师重教的浓厚氛围，不断改善教师待遇，保障教师合法权益，大力宣传优秀教师先进事迹，引导优秀人才长期从教、终身从教。

再说教育不均衡的问题，为何有些地方教育就是抓不来，其实很大程度上在于对教育的重视不够，没有一以贯之落实教育优先发展战略，说直白点，就是把原本应该优先花在教育上的钱去搞别的事情，因此导致教育的"阴阳失调""营养不良"。

所谓"师严然后道尊，道尊然后民知敬学"，道出的正是尊师重教的内在逻辑。再说尊师重教，建成好学校，培育好老师，确保的是让每一个孩子有学上、上好学、不辍学，也就是说受益的仍是孩子。从这个意义上看，尊师重教是一个永不过时的话题。

对甘肃而言，在建设幸福美好新甘肃的征程上，尤其离不开教育人才的培养和供给，必须依赖于全省广大教师发扬无私奉献的精神，把全部精力和满腔热情真情献给教育事业。与此同时，城乡教育的均衡化发展、贫困代际传播的消除、教育扶贫的推进，这些都迫切需要全省各级把尊师重教的优良传统进一步发扬光大。

切实重视起来，坚持发展上优先考虑教育，工作上优先支持教育，投入上优先保障教育，就一定能在全省上下形成共办教育、助学兴教的良好局面。

随着尊师重教的理念进一步深入人心，很多横亘在甘肃教育上的一些硬问题就能得到软解决。外界也当对尊师重教予以重新厘清。很大程度上，尊师重教不是学生的"功课"，而是整个社会都应该认真回答的"作业"。唯有形成了尊师重教的最大公约数，我们才能让教育的实质深入人心。

互联网健康发展是刻不容缓的时代命题

谢伟峰

近日，中共中央办公厅、国务院办公厅印发了《关于促进移动互联网健康有序发展的意见》，并发出通知，要求各地区各部门结合实际认真贯彻落实。

互联网不同于以往的任何一次改变人们进程的技术革命，它以自我突破的姿态，影响着生产要素的配置和集成，用无远弗届的方式闯进了整个世界人民的生活与工作中。在互联网风生水起的当今中国，五年规划恰好在此时交棒，经济也迎来了前所未有的新常态，在发展中也确立了供给侧改革的宏观立意。在这些顶层设计中，无一例外地呈现出一个"工具箱"，那就是"互联网+"的模式打开。这个发轫于中央政府工作报告的新概念，以风雷激荡的形式、摧枯拉朽地前行着，实实在在地矗立起一个崭新的世界。在这种语境下，《关于促进移动互联网健康有序发展的意见》的出台恰逢其时，可以将其高度囊括成四个要义：首先，是官方支持移动互联网发展，要求其惠及更多民众；其次，是确定"系统性突破核心技术"是发展移动互联网的突破口；再次，是允许"创新应用先行先试"；最后，是中国在防范安全风险上将会不遗余力。四箭齐发，多措并举，皆是把互联网健康发展的鼓点落在惠民生、调结构、促改革、防风险的层面之上。

顶层设计的纲举目张，对于互联网健康有序发展，不啻是"重推一掌"。不管是高屋建瓴，还是百姓期许，都已经表明，互联网健康发展是刻不容缓的时代命题。这不仅是我国已经把互联网作为生产要素共同融合的大平台，还在于互联网作为不可替代的工具，已经最大限度地发挥出资源配置的作用。

就在几个月之前，2016年"双11"当天，阿里巴巴平台的交易额超过1200亿元人民币，其中82%的交易额在手机端成交。而它带来的商品生产、物流运输和营销推广，都具有行业的穿透性。这样一个颇具代表性的案例，也凸显出互联网健康发展对于加速经济运转，以及降低生产和交易成本的决定性作用。而考虑到互联网还要为中国经济加快开放、共享的运行新模式贡献力量，因此，对于它的健康发展，赋予怎样高的权重，都不过分。

互联网不算是异军突起的"发展极"，因为它在20世纪就已经"随风潜入夜"。但不可否认，它的辐射力至今看不到衰败的迹象。现在，世界经济增长乏力，我国经济面临较大下行压力，人们更渴望于互联网这个虚拟空间传导出来的真实推力。在此维度下，国家出台《关于促进移动互联网健康有序发展的意见》，就是要为互联网之路搭好基础，做好框架。这也事关中国未来的发展之路，更是决定着怎样推进更深层次的改革。

"八个着力"落地实　甘肃谱写新篇章

赵海霞

2013年2月，习近平总书记来甘肃考察时，提出加快建设经济发展、山川秀美、民族团结、社会和谐的幸福美好新甘肃，努力到2020年同全国一道全面建成小康社会的奋斗目标，做出"八个着力"的重要指示。发展就是硬道理，只有发展，才能解决甘肃的短板，才能解决甘肃的现实问题，甘肃才能在全面建成小康社会的决战中取得伟大胜利。当前，我们的任务就是要在这"八个点"上求得新突破，使"着力点"落地开花。

省第十三次党代会已于2017年5月26日在兰州胜利闭幕，此次大会是在进入全面建成小康社会决战阶段、喜迎党的十九大的新形势下，召开的一次继往开来的重要会议，在甘肃的发展中具有里程碑的意义。省党代会报告以习近平总书记"八个着力"重要指示精神为统揽，从经济发展、科技创新、"三农"工作、脱贫攻坚、生态建设、保障民生、和谐稳定、从严治党八个方面，明确了今后努力的方向和着力重点，这也是我们必须长期坚持的指导思想和行动指南。

全省上下要对照"八个着力"要求，紧扣报告确定的各项任务，解放思想、开拓创新，铆足干劲、真抓实干。

古今兴盛皆在于实，天下大事必作于细。

建设幸福美好新甘肃，关键在党要管党、从严治党。全省各级党组织要切实把抓好党建作为最大的政绩，担负起管党治党的政治责任，营造风清气正的政治生态。

贯彻落实"八个着力"指示精神，说到底就一个字——干。面对新起点、新目标、新征程、新挑战，全省广大党员干部要更加紧密地团结在以习近平同志为核心的党中央周围，以"八个着力"指示精神为统领，以攻坚克难的勇气、百折不挠的韧劲、真抓实干的作风，把书写建设幸福美好新甘肃这一宏伟愿景变为现实。

"互联网+金融"撬动县域经济甘肃用这种方式实现脱贫

王言虎

党的十八大以来，特别是习近平总书记视察甘肃以后，甘肃省坚持把建设全面小康作为全局工作的重中之重、把脱贫攻坚作为全面小康的重中之重、把精准扶贫作为脱贫攻坚的重中之重，动员各方力量攻坚拔寨，向贫困发起总攻。

过去五年，甘肃围绕精准扶贫、精准脱贫扎实开展扶贫攻坚行动，建立贫困人口识别、动态管理、退出标准、考核验收等体系，打出一套政策措施"组合拳"，贫困地区生产生活条件大幅改善。甘肃贫困人口由2011年底的842.2万人减少到2016年底的227万人，贫困发生率由40.5%下降到10.9%，易地扶贫搬迁82万人，贫困地区农民人均收入年均增长比全省高2个百分点，为打赢脱贫攻坚战奠定了坚实基础。

在这场脱贫攻坚战中，一个显著的亮点就是，甘肃成功利用了"互联网+扶贫"的扶贫新模式。一方面，建立全省精准扶贫大数据平台，对扶贫对象进行精准识别、因户施策，通过数据分析、扶贫成效的跟踪考核，形成精准扶贫动态化、全过程的闭环管理模式。

另一方面，在扶贫内容上，推行了电商扶贫的新模式。2015年，省商务厅、省工信委、省扶贫办出台了《甘肃省精准扶贫电商支持计划实施方案》，提出把发展电子商务同扶贫开发结合起来，促进精准扶贫。借助电商，甘肃许多贫困地区群众的农产品"不仅卖出去了，而且卖出了好价格"。陇南的花椒、核桃和油橄榄，定西的中药材等已经成为甘肃电子商务的特色品牌。

"乘着顺风，就该扯篷"，既然"互联网+扶贫"模式已经取得良好效果，那么我们就应该继续利用好这一新模式，惠及更多贫困群众。

"互联网+扶贫"模式的低成本与高效能，在某种程度上释放了贫困地区的生产力，地方资源禀赋被充分挖掘利用，直接带动就业，帮助贫困人口脱贫致富。诸多贫困地区通过电商扶贫走出扶贫创新之路。这也证明，贫苦地区不是没有致富的资源与动能，欠缺的正是互联网的激活。有电商用"村淘"计划进军农村，正是看中了农村电商经济的一片"蓝海"。

帮助更多人脱贫致富，除了利用互联网，还有一个重要途径，就是通过县域经济的竞争与发展，为脱贫致富提供坚强后盾。

著名经济学家张五常在《中国经济制度》一书中，把中国模式的经验总结为中国放开县域层面的竞争，即在税制一定的条件下，各区县用土地优惠吸引资本，带来发展机遇。县与县之间的竞争是中国经济增长的根本原因，也是经济持续增长的动力所在。

过去五年的扶贫经验显示，县域经济的发展既是扶贫工作有效推进的依托，也是确保脱贫不返贫的重要基础。当务之急，是要使这种理论成为一种普遍的认知，成为一个内化于各地公共治理者的方法论，促使各地主政者有意识地将扶贫与县域经济发展联系起来。

另外就是利用新金融为农村扶贫"输血"。"输血式"扶贫才能实现永久脱贫，而金融杠杆就是"输血式"扶贫的重要路径。在扶贫过程中，推动小额信贷，金融机构加强与特色产业、扶贫项目和新型农业经营主体的精准对接，把贫困地区、贫困群众导入到发家致富的轨道上来。金融扶贫既高效，也是盘活地方金融资源、增强经济活力的重要路径。

不论是"互联网+扶贫"，还是县域经济竞争，抑或是金融扶贫，都是现代的、有成功经验的扶贫新模式，甘肃陇南等地已经有了成功经验。如果能在内容上更细化，范围上更普及，这些扶贫新模式将会在以后的脱贫攻坚中发挥极大的作用。

开展大病医疗救助　助力甘肃健康脱贫

朱　丹

林铎同志在省第十三次党代会报告中强调，把健康脱贫作为一场关键战役，加快贫困地区医疗卫生、健康教育和服务保障体系建设，有效解决因病致贫、因病返贫。作为民政系统，深刻理解和把握报告精神实质，充分发挥政府职能作用，把困难群众最关心的问题解决好，是摆在我们面前的重大课题。

省委、省政府历来高度重视困难群众看病就医问题，特别是自2012年重特大疾病医疗救助实施以来，通过调整扩大救助病种、提高医疗救助水平、扩大救助对象范围等多项措施，有效缓解了城乡贫困家庭重特大疾病医疗困难。2012年以来，累计投入医疗救助资金42.1亿元，实施医疗救助1836.8万余人次，其中重特大疾病医疗救助支出资金20.8亿元、实施救助80.7万人次。

2012年以来，省政府办公厅先后出台了《关于我省集中连片特困地区贫困县农村贫困家庭七种重特大疾病提高医疗救助标准意见的通知》（甘政办发〔2012〕106号）、《关于进一步加强城乡重特大疾病医疗工作的意见》（甘政办发〔2013〕145号）、《关于进一步完善医疗救助制度意见的通知》（甘政办发〔2015〕142号）等文件，使重特大疾病医疗救助对象认定、标准确定、操作程序等不断规范，建立了按照"基本医保+大病保险+医疗救助"路径进行报销和救助的一站式即时结算模式，使医疗救助制度在整个医疗保障体系中较好地发挥了兜底保障作用，缓解了全省困难群众看病就医难的问题。

为帮助贫困家庭重特大疾病患者解决医疗困难，减轻家庭经济负担，我省重特大疾病医疗救助的病种从2012年的7种增加到2013年的26种。2015年，卫计部门对我省重特大疾病病种进行了调整扩大。为保证政策的统一，我们及时跟进，将重特大疾病医疗救助病种由26种调整扩大至50种，实现了与农村重大疾病新农合保障病种相一致。鼓励基层民政部门在结合所辖县区医疗救助资金筹集情况，探索将符合当地实际的易发多发、地方病、医疗费用高等疾病纳入重特大疾病医疗救助病种范围。

2012年我省重特大疾病医疗救助制度建立时，救助范围只针对集中连片特困地区58个贫困县农村贫困家庭对象，2013年扩大到全省城乡困难群众，实现了救助范围的全覆盖。近年来，我们调研发现，一部分虽不是低保家庭，但因患重特大疾病，家庭刚性支出较大，生活处于极其困难的窘境，我们在重点救助城乡低保、特困供养人员的基础上，将低收入家庭中的老年人、未成年人、重度残疾人和重病患者等纳入救助范围，帮助其渡过难关。同时，坚持贯彻保主保重的原则，对救助人次数所占比例做了量化规定，要求重点救助对象住院救助人次数应占当地全年救助人次数的70%以上，对低收入救助对象及市州、县市区人民政府规定的其他特殊困难人员救助人次数所占比例不得高于当地全年救助人次数的30%，有效提高了资金使用效率。

坚持工业强省战略　推动工业转型升级

陇　平

　　甘肃省第十三次党代会报告提出要"坚持工业强省战略，推进工业化和信息化深度融合，大力改造提升传统产业，实施优势产业链培育发展行动，培育壮大战略性新兴产业"，这与金昌走传统优势产业改造升级、循环产业链条延伸和战略性新兴产业培育"三位一体"的工业经济转型升级之路不谋而合，也为金昌工业转型提供了新的理论指导。

　　推动传统产业转型升级。以优化存量、延伸加工、循环发展为重点，瞄准关键环节实施技术改造，促进传统产业向价值链高端发展。一是按照"一区多园"发展模式，充分利用国家构建产业新体系和工业基地调整改造政策，加快推进传统产业的信息化改造，以"互联网+"、大数据的思维和技术，大力改造工艺流程、完善产品结构、拓展发展空间，推动传统产业升级换代。二是围绕建设全省新型化工产业基地，推动化工产业向精细化转变。硫磷化工主要围绕金川公司硫酸资源优势开展磷石膏和尾矿综合利用，发展土壤改良剂、砌砖等产品；根据肥料行业发展趋势，发展滴灌磷铵、普钙、有机无机肥、差异化磷铵、缓释肥等新产品；同时发展净化磷酸、碘化工和氟化工产品，提升产品附加值。氯碱化工主要是积极争取省上电价优惠政策，全力推动PVC、离子膜烧碱、电石、乙炔等氯碱化工产业链项目联动运行；同时着手开发

PVC全系列型材、氯化PVC等高附加值产品。三是鼓励支持企业加大与国内知名院校、科研院所的合作力度，向专精特方向发展，不断提高产品附加值、延伸产业链。支持有条件的企业成立企业研究院或企业技术中心，重点支持宇恒镍网股份有限公司成立全国镍网监测中心，支持万隆实业公司和西北民族大学联合研发海绵保温新材料。四是完善化工循环经济产业链，引导和支持循环经济上下游企业通过股权收购、资产置换、债务重组等形式进行资产重组和改造，建立多元产权关系，形成上下游企业利益共同体。

不断延伸循环经济产业链。大力发展工业循环经济，丰富发展可复制、可推广循环经济的"金昌模式"，立足已有工业循环产业基础，不断延伸产业链条，完善上下游产业利益联动机制，进一步化解过剩产能，提高产品科技含量，壮大产业集群，促进化工产业向精细方向发展。一是大力发展有色金属及深加工产业、新能源及装备制造业、化工循环产业"三大重点产业"，不断横向延伸和纵向拓展有色金属及深加工、冶金、硫化工、氯碱化工、氟化工、磷化工、煤化工、清洁能源、建材、再生资源利用等十大产业链条。二是加快培育和发展以新材料和化工深加工为主的接续产业，形成一定规模附加值高、市场前景好的有色金属合金、高纯金属、粉体、盐类、电池材料及镍基印花镍网等新材料产业，打造硫化工、碱化工、煤化工、磷化工"四大化工"产业集群，配套发展与优势大企业相关联的产业，着力构建较为完善的工业循环经济体系，形成支撑金昌未来可持续发展的多个产业体系。三是大力发展煤基合成材料及后续产品，推进焦炉煤气及焦油加工深度化，重点实施北京神雾40万吨PE、鑫华焦化500万吨介煤提质等项目，推进以煤炭分质利用为主的河西堡煤炭清洁利用转化基地建设。

培育战略性新兴产业。以创新为主要驱动力，突出战略性新兴产业辐射带动力强的优势，加快经济发展方式转变和提高工业发展质量。一是用足用好金川全国独立工矿区转型发展支持政策，扎实做好金昌有色金属新材料战略性新兴产业区域集聚发展试点工作，大力支持金川集团公司推进粉末冶金制品产业园、电池产业园、电镀产业园、电工材料产业园建设，推动有色金属产业向精深加工和终端化转变。二是积极争取国家级互联网骨干直联点，落实"互联网+"行动计划，加快"紫金云"大数据产业园区项目建设，推动信息产业快速发展，促进工业互联网、云计算、大数据在企业研发设计、生产制造、经营管理、销售服务等全流程和全产业链的综合集成应用。三是围绕建设国家新能源示范基地，大力推广分布式光伏发电，实施110千伏电网完善和35千伏及以下电网升级改造工程。积极争取风光电配额指标，引进有实力的企业开发建设风光电项目，推进光伏发电场和风电场规模化运营。同时开发建设生物质能、垃圾发电等新能源项目，大力推广应用清洁可再生能源。四是依托镍都实业公司产品技术优势和我市新能源产业资源优势，加快发展以矿冶装备、风电装备、太阳能光热装备和光伏装备为主的装备制造产业。

以新理念进一步加快县域经济发展

纪天才

同全国一道全面建成小康社会，加快建设幸福美好新甘肃，是党中央和习近平总书记交给我们的政治任务，也是本届省委对全省人民做出的庄严承诺。全省上下一定要加倍努力，坚定不移按照党中央指明的方向前行，立足实际统筹推进"五位一体"总体布局和协调推进"四个全面"战略布局，深入落实创新、协调、绿色、开放、共享的发展理念，增强发展动力，厚植发展优势，确保经济社会始终运行在平稳健康的发展轨道上。省第十三次党代会描绘了甘肃未来五年发展的宏伟蓝图。大会强调，习近平总书记视察甘肃重要讲话和"八个着力"重要指示精神，是我们必须长期坚持的指导思想和行动指南。牢牢把握这一根本要求，不断开创甘肃各项事业发展的新局面，必须旗帜鲜明讲政治，坚决维护以习近平同志为核心的党中央权威和集中统一领导。省第十三次党代会确定了未来五年全省发展的愿景、任务和抓手。这是以习近平总书记系列重要讲话精神和治国理政新理念新思想新战略为根本遵循，甘肃的前进方向和路径选择。全省各级党组织和广大党员干部必须以良好作风担当责任，带动全省上下立足岗位去拼搏和奉献，确保各项任务真正落到实处，把美好愿景变成现实。

省第十三次党代会提出，甘肃省今后五年的奋斗目标是，综合经济实力、县域经济发展层次、人民群众生活质量、法治建设能力、社会文明程度、生态建设和环境保护水平、全面从严治党成效不断提升，城乡居民收入等主要经济指标增速高于全国平均水平，基本公共服务达到全国平均水平，主要污染物排放和单位地区生产总值能耗控制在国家下达的指标之内，现行标准下农村贫困人口如期脱贫、稳定脱贫，贫困县全部摘帽，解决区域性整体贫困，在全面建成小康社会目标的基础上，努力实现更高水平的发展，在践行习近平总书记"八个着力"重要指示精神上不断取得新的更大成效。

展望未来，任重道远。学习贯彻党的十八届六中全会精神和省第十三次党代会精神，必须旗帜鲜明讲政治，牢固树立和践行"四个意识"，坚决维护习近平总书记的核心地位，把习近平总书记系列重要讲话精神和治国理政新理念新思想新战略作为指导思想和行动指南，把实现中华民族伟大复兴的中国梦作为共同目标；把习近平总书记视察甘肃重要讲话和"八个着力"重要指示精神落实到位，抓好发展第一要务，把脱贫攻坚"一号工程"向深里谋、照实里抓、往精里做，着力加强生态环境保护，推进各项事业全面发展。

登高望远，再上层楼。省十三次党代会的鲜明主题和确定的目标任务，贯彻了党中央的决策部署，符合甘肃发展实际，体现了全省人民的共同愿望，对于我们开创振兴发展的新局面，具有十分重要的意义。全省上下一定要深入领会省党代会的丰富内涵，准确把握省党代会确定的目标任务，清晰认识党代会提出的重大措施，用省党代会精神统一思想行动、引领工作实践。

用民生阳光温暖人心

杨生祥

林铎同志在省第十三次党代会上指出："要着力保障和改善民生，努力让人民过上更好的生活，践行好以人民为中心的发展思想，扎实做好就业和社会保障工作，多措并举增加城乡居民收入。"

2016年在经济下行压力大、财政收入增速放缓的情况下，甘肃省主动作为、守住底线、突出重点，优化支出结构，用于民生的投入力度丝毫未减，民生保障网牢扎密织，全年财政民生支出合计完成2487.5亿元，占全省财政支出的79%，使陇原百姓获得了更多改革发展的实惠。2016年甘肃省争取中央扶贫资金59.5亿元，较上年增长44.8%，比全国平均增幅高出近2个百分点；同时，省级财政预算安排专项扶贫资金17.9亿元，较上年增长近45.5%。深入推进精准扶贫专项贷款工程累计发放贷款334.6亿元，惠及296.1万贫困人口；进一步加大涉农资金整合力度，整合专项资金568亿元，集中用于支持75个贫困县基础设施建设、富民产业培育、易地扶贫搬迁、金融资金支撑、公共服务保障、能力素质提升等六个方面。

2016年，全省企业退休人员基本养老金实现了第12次连调，全年累计拨付财政补助资金78.63亿元；用于最低生活保障的财政补助资金88.7亿元，比上年增长17%，救助标准稳步提高。全省城市低保指导标准达到418元/月；农村低保一、二类对象年人均补助水平分别达到3420元和

2988元，实现了动态管理下的应保尽保。

2016年，教育支出累计完成548.9亿元，比上年增长10.2%；公共卫生支出33亿元，比上年增长6.7%；全省用于医疗保障的财政资金达到126亿元，比上年增长10.5%；用于城乡社区管理事务的支出是40.3亿元，比上年增长24.8%；用于城乡社区公共设施的支出是93.7亿元，比上年增长64.2%；基础设施不断完善，支撑能力有效提升，全年用于铁路运输的支出达30.1亿元，比上年增长53.6%，兰新高铁、兰渝铁路开通运行，随着宝兰客专建成运营，甘肃将全面进入高铁时代。

这一连串的数字，是甘肃改革发展成果更多、更公平地惠及全体人民的具体体现，更是人民群众获得感和幸福感不断提升的物质基础。

"人民对美好生活的向往就是我们的奋斗目标。"保障和改善民生必须成为一切工作的出发点和落脚点。财政民生投入加大、公共服务能力提升、基本公共服务均等、社会保障体系健全、居民收入增加、城乡低保标准提高、农村特困人员救助供养补助标准提高、城乡居民基本养老、基本医疗和大病保险以及医疗救助制度全覆盖……这些与人民群众密切相关的民生问题的持续改善，是清晰的目标导向，是强烈的责任意识，是美好的民众期许，更是协调发展和共享发展的必然要求。

当前，甘肃省正处于经济社会转型升级的关键阶段，关乎民生的奋斗目标包括综合经济实力提升、人民群众生活质量提高、城乡居民收入指标增速高于全国平均水平，基本公共服务达到全国平均水平，现行标准下农村贫困人口如期脱贫、稳定脱贫等。民生建设要坚持"发展为了人民、发展依靠人民、发展成果由人民共享"。解决民生问题，需要政府切实保障公民权利，重点促进劳动就业、社会保障、基础教育、医疗卫生、住房保障、公共文化等领域的均等化发展，确保基本公共服务普惠，发展成果共享。公共财政作为重要的政策工具，大有可为也必须有所作为。必须强化担当、真抓实干，切实履行财政调控职能，确保财政支持，努力建设经济发展、山川秀美、民族团结、社会和谐的幸福美好新甘肃。

抒写香港经济发展新篇章

程振伟

"发展是永恒的主题，是香港的立身之本，也是解决香港各种问题的金钥匙。"在庆祝香港回归祖国20周年大会暨香港特别行政区第五届政府就职典礼上，习近平主席发表重要讲话。其中，对香港经济发展有一番重要的点题，指出了发展是香港的第一要务。这里释放出来的强烈信号，给予了香港市民极大的盼望。

我国已进入全面建成小康社会决胜阶段，全国各族人民正在为实现"两个一百年"奋斗目标而努力。经济发展作为"中国梦"的重要组成部分，映射出当下拼搏向前、勠力同行的国情。作为祖国的一部分，香港必然和这个宏大目标同频共振。在这新的航程中，开辟香港经济发展新天地，抒写香港经济发展新篇章，已是东方之珠续写璀璨传奇的必经之路。

抒写香港经济发展新篇章，有祖国作为强大后盾。在推进"一带一路"建设、粤港澳大湾区建设、人民币国际化等重大发展战略中，香港作为关键的一环，其优势和作用异常突出。而着眼这些全球化的大手笔，是作为全球第二大经济体的中国打造"命运共同体"的落子和布局。香港是国际化大都市，也是外向型经济的重镇，搭着祖国的发展"快车"，香港更能发挥自身积累多年的优势。尤其是作为香港重要一极的金融经济，在中国金融改革的大背景以及人民币"走出去"的强势洪流中，背靠大树好乘凉，将继续夯实自身作为世界金融体系的枢纽与支点之地位。

抒写香港经济发展新篇章，有香港自身天赋使然。作为全球第四大金融中心、第八大贸易体、第五大集装箱吞吐港、第四大船舶注册地，香港总能"集万千宠爱于一身"。近年来，在波谲云诡的国际风云变幻中，香港总能在长袖善舞中完成螺旋向上的升级，甚至在亚洲金融危机和全球金融风暴的大背景下，香港依然守住自家最美的经济风景。这里，既是香港对于经济发展的天赋使然，更是在香港进入"一国两制"后带来的历史必然。近日，瑞士洛桑国际管理发展学院发布《2017年世界竞争力年报》，香港连续第二年被评为全球最具竞争力的经济体，就权威地证明了香港的稳步前行。而在经济发展中，所要经历的挑战与风险，恰恰是香港人磨砺精神的试金石，见证自己的发展底色。

抒写香港经济发展新篇章，是全港人民的福祉期盼。习近平主席在对香港发展的寄语中说道："以人为本、纾困解难，着力解决市民关注的经济民生方面的突出问题，切实提高民众获得感和幸福感。"这是顶层设计者对香港经济发展深思熟虑后的蓝图勾勒，也是呼应香港市民对于美好生活的渴望。此时，香港经济发展也进入了关键时刻，供给侧改革和经济新常态等标志性维度也一并出现在香港身上。香港人民，尤其是一些年轻人也在一定时期凸显出了焦虑，这种情绪正需要经济发展来消解。正所谓"少年希望快乐成长，青年希望施展才能，壮年希望事业有成，长者希望安度晚年，这都需要通过发展来实现"。香港正用经济发展来作为解决问题的钥匙，更是要用发展来兑现出对本港人民的庄严承诺。

发展是永恒的主题，是香港第一要务，更是这块充满经济奇迹热土里的立身之本。权威数据显示，香港在政治稳定、政府效能、社会法治、贪腐控制、公民表达等方面的指标，都远远高于回归前。这是经济发展的最好环境指标。此刻，习近平主席更是说道："支持香港发展经济、改善民生。"这对香港而言，可谓是最好时代里的最好机遇，由此迸发出来的不竭动力和开辟出来的广阔空间，我们也将予以期待。

数字经济时代下的"亮点"：互联网大会

柴文星

第四届世界互联网大会于 12 月 5 日在浙江乌镇圆满闭幕。本届互联网大会在全面贯彻习近平新时代中国特色社会主义思想的大时代背景下召开，以"发展数字经济促进开放共享——携手共建网络空间命运共同体"为主题，紧紧围绕习近平总书记治网主张，充分发挥论坛、世界互联网领先科技成果发布和博览会三大功能优势，在数字经济、前沿技术、互联网与社会多个方面，呈现出新亮点。

一、聚焦数字经济，强调开放共享

大会主题紧紧围绕数字经济展开讨论，强调互联网开放共享的重要性，明确发展中国家和发达国家之间要深度交流，共享资源，合作互利。中国作为这次会议的承办国，尽心竭力助推互联网全面、健康、持续、安全、文明地生存、发展，进一步惠及本国和世界各国人民，为全球互联网的治理贡献中国力量。

未来经济发展，离不开科学技术力量的推动，而科学技术力量要创新，互联网至关重要。中国作为发展中国家，近年来互联网发展突飞猛进，关键共性技术、前沿引领技术、现代工程取得重大进展。5G 移动通信网、全球超算冠军中国"神威·太湖之光"、刷脸技术、快递无人机等科技惊艳众人。不独有，知共享，我国在着眼建立网络综合治理体系，营造清朗网络空间的同时，希望和世界各国携手共建网络命运共同体。

二、首次发布行业蓝皮书，贡献中国智慧

本次大会首次发布蓝皮书《世界互联网发展报告2017》和《中国互联网发展报告2017》，目的是客观全面展现世界各国的发展实力和发展特点，为国家间互联网发展提供学习样板。报告清晰地阐述了中国互联网的发展现状，深刻分析了中国互联网未来发展态势，为全球互联网治理贡献了中国智慧，同时秉承着互惠互利原则，积极促成社会组织、企业等一系列合作协议的签署。

三、创新商业模式，智慧零售将成新趋势

未来是数字经济的时代，也将引领行业变革与商业模式的创新。行业间数字化转型升级，是本次大会的主要议题。尤其是在网络购物逐渐成为社会主流购物方式的前提下，传统零售业受到极大冲击，未来发展势必改变其传统的销售方式，更新技术，以数据驱动、线上线下融合的智慧零售新方式，将成为行业发展的新趋势。在本届博览会上，天猫无人超市作为唯一独立参展项目，惊艳亮相。无人支付、"Happy购"情绪营销、"对着商品微笑能打折"种种新奇的购物方式，让更多人体验到了无人超市，也让其他国家更多地认识到，中国企业在新零售上做的努力和进步。

作为20世纪人类最伟大的发明之一，互联网深刻改变着我们的生产生活，有力推动着社会发展与进步。而每一届世界互联网大会的举办，既一脉相承，又与时俱进，通过深度的探讨与交流，进一步加强互联网领域的国际合作，引领全球互联网共谋发展大业。

"互联网+"将贫困地区带入发展快车道

杨丽君

12月4日上午，第四届世界互联网大会"共享红利：互联网精准扶贫"论坛在乌镇成功举办。18家企业及机构与13个深度贫困州县签署结对帮扶协议，围绕网络覆盖、农村电商、信息服务、网络扶智、网络公益5大工程开展帮扶项目，聚力打赢脱贫攻坚战。

党的十九大报告指出，让贫困人口和贫困地区同全国一道进入全面小康社会是我们党的庄严承诺。坚决打赢脱贫攻坚战，互联网大有可为。12月1日，阿里巴巴集团董事局主席马云宣布：脱贫工作已成为阿里巴巴的战略性业务，未来5年，将投入100亿元到这项业务中，探索出"互联网+脱贫"的新模式。12月4日，在第4届世界互联网大会上，阿里巴巴和蚂蚁金服分别与两个国家级深度贫困地区甘肃定西、湖北巴东签约"结对帮扶"，将用整个阿里生态的力量，点对点帮助这两个地区脱贫。

当前，我国扶贫工作进入最后攻坚阶段。一些贫困地区，自然资源丰富，并不缺乏质量上乘的农产品，但是要将品种各异的特色农产品卖出去，而且卖个好价钱，却不是一件容易的事情。而所谓电商扶贫，就是以电子商务为手段，拉动网络创业和网络消费，推动贫困地区特色产品销售的一种信息化扶贫模式。而加快推进电商扶贫工作，则是精准扶贫，增加贫困群众收入的一项重要措施。

近年来，西部贫困地区陇南市将电子商务作为精准扶贫的新利器，以微博、微信等新媒体营销为手段，以推动农产品网络销售、助农增收为出发点，强力推动电子商务快速发展，创新发展模式，完善利益联结机制，不断提高电商扶贫精准度和实效性，让电商扶贫惠及更多贫困群众。首个全国电商扶贫试点市、唯一的全国电商扶贫示范市、"2015中国消除贫困创新奖"，陇南市以电商扶贫为重点内容的脱贫攻坚经验被中央改革办《改革情况交流》刊发，在中央政治局第39次集体学习会议上作为典型案例编入参考资料等众多殊荣，因为电商扶贫眷顾陇南。

一根网线，打开的不仅是贫困户的钱袋子，还有外面世界的一扇窗。如今，陇南已初步形成了线上线下互动、农户客户直通、增收增智并重的电商扶贫格局，全市共开办网店12693家、微店7853家，累计销售总额73.73亿元，带动就业10.05万人，政府推动、市场运作、大众创业、协会规范、微媒助力"五位一体"的贫困地区发展农产品电子商务进一步丰富发展。实践证明，电商扶贫不仅为解决贫困问题拓宽了思路和渠道，也是将贫困地区带入经济发展快车道的有效途径，对提升贫困地区居民收入、推动贫困地区传统产业升级转型具有重要意义。

不过，在已经取得初步成效的同时，如何让电商扶贫真正落地开花，成为精准扶贫的有力助推器，还有很多的瓶颈问题亟待解决。例如，贫困地区受自身自然条件的限制，在农村物流方面还存在短板，在人才素质方面还需要尽快提升。面对这些制约瓶颈，需要各级政府及扶贫机构进一步专项扶持，推进连片部署，强化电商人才培育，完善农村物流体系，并整合各方资源和力量加快农村电子商务的渗透和普及，以切实增强贫困地区电商对接市场的水平，让贫困地区群众真正在"互联网+扶贫"这场变革中受益。

练就"三精"绣花功　助力脱贫攻坚战

朱　丹

　　省十三次党代会强调：我们要认真贯彻精准扶贫、精准脱贫基本方略，坚持把脱贫攻坚作为"一号工程"，采取超常规办法，大力开展精细精确精微的"绣花"式扶贫，行胜于言、言行一致，确保如期实现脱贫攻坚目标。作为民政部门，认真学习贯彻省十三次党代会精神，就是要真正把脱贫攻坚作为第一要务来抓，围绕中心工作，聚焦精准发力，练就"精细、精确、精微"内功，把事关困难群众的事办好，保障好。

　　把精细管理作为民政系统打赢脱贫攻坚战的重要抓手。精细管理是精准脱贫的保证。一方面，我们根据人口增减流动和致贫原因动态变化的实际，积极对接省扶贫办建档立卡信息系统，利用"互联网+精准脱贫"的新模式，构建互联脱贫信息网络，在省统一安排部署下，参与建立具备事先预警、事中监控、事后评估功能的精准脱贫大数据管理平台。另一方面，就是把人、钱、物管好。在管好人上，就是对扶贫对象密切关注，家庭个人信息要建档入网，加强分类指导，定期进行检查，按照缺啥补啥的原则宜农则农、宜工则工、宜商则商、宜游则游，不搞一刀切；在管好钱上，做到精细到位，克服天女散花，切忌"大水漫灌"或"撒胡椒面"式的千篇一律，把钱用在刀刃上，让每一笔款项都花在该花的地方；在管好物上，就是不能吃大锅饭，人人有份，而要定点定人，谁最需要就给谁，谁最贫困就给谁。

把精确识别作为脱贫攻坚的第一要件。精确识别是精准脱贫的前提，只有精准识别出扶贫对象，才能摸清底数、找对"穷根"，实施靶向治疗、精准帮扶。多年的扶贫实践使我们认识到，只有通过有效、合规、科学、公开的程序，把谁是真正需要扶贫的贫困居民识别出来，才能让扶贫款花得物有所值，真正起到雪中送炭的作用。对于贫困户的认定，实施"六步认定程序法"：个人申报，群众评议、入户调查、公示公告、抽查检验、信息录入。具体来说，就是根据国家公布的扶贫标准，村民先填申请表，由村民小组召开户主会进行比选，再由村"两委"召开村、组干部和村民代表会议进行比选，并张榜公示；如无异议，再行定夺。不论采取何种方式识别，都要充分发扬基层民主，发动群众参与，透明程序，把识别权交给基层群众，以保证贫困户认定的透明公开、相对公平。

把精微帮扶作为脱贫攻坚的有效手段。精微帮扶是精准扶贫的关键。贫困面积大、贫困人口多、贫困程度深是甘肃省情的基本特征。虽然贫困的表现是一样的，但导致贫困的原因是不同的。或缺乏技术，或缺乏资金，或不善经营，或不会持家，或家有病人，或有好吃懒做习惯。为此，我们针对不同情况进行具体分析，在精微帮扶的具体实施上不一概而论，不能不管青红皂白，把钱一撒就万事大吉。针对扶贫对象的贫困情况，结合贫困实际确定责任人和帮扶措施，确保帮扶效果。缺钱的给予资金支持，缺技术的给予技术指导，不会经营的教他经营办法，对那些懒惰不作为就等救济的人则进行教育引导，切实把习近平总书记强调的"实事求是，因地制宜，分类指导，精准扶贫"的工作方针落到实处。

全面推进从严治党
努力构建风清气正的政治生态

酒泉市网信办

世间事，作于细，成于严。"我们共产党人最讲认真，讲认真就是要严字当头。"全面贯彻落实省第十三次党代会精神，全面推进从严治党，从严管理监督干部是重中之重。

全面从严治党就是紧密围绕加强和改善党的领导这个根本点，解决党在治党管党中面临的问题、考验和危险，确保党始终成为中国特色社会主义事业的坚强领导核心，始终把人民、纪律、理想写在自己的旗帜上。握准主线、划出底线、架设高线，是全面从严治党要求的凝练和概括，也是我们党长期执政的安全线。

对各级干部而言，组织的信任不能代替监督。干部出问题，很大程度上是由于监督缺位造成的。当前，一些干部作风不实、为官不为、为政不廉等问题还不同程度存在。这些问题，并非一朝一夕所形成，反映出一些地方和部门平时对干部疏于管理，尤其是对关键岗位监督约束不够。正因如此，只有把从严要求贯穿于干部监督管理各个方面、各个环节，认真解决失之于宽、失之于软的问题，才能使各级干部心有所畏、言有所戒、行有所止。

全面贯彻落实省第十三次党代会精神，就必须要深入领会省第十三次党代会的精神实质，切实增强贯彻落实的行动自觉；深刻认识省党代会的高远谋划，准确把握推动发展的着力重点；深度体悟省党代会的治党要求，着力构建风清气正的政治生态。

要深入推进全面从严治党，坚决按照省党代会部署，坚持思想建党、组织建党、制度治党紧密结合，以不忘初心的政治定力，切实担负起全面从严治党的政治责任，努力构建风清气正的政治生态。

要在落实党建政治责任上再严实，严格落实党委书记抓党建第一责任人职责，严格规范党内政治生活，始终把思想政治建设牢牢抓在手上，高度重视意识形态工作，持续整顿软弱涣散的基层党组织，统筹提升各领域党建工作水平。

要在加强党员干部监督上再严实，坚持严字当头，突出监督重点，加强重点岗位、重要环节的监督，建立健全强化预防、及时发现、严肃纠正的监督工作机制，把监督延伸到干部教育、培养、选拔、任用、管理的全过程。

要在推进党风廉政建设上再严实，压紧压实管党治党政治责任，在抓长抓细抓常上下功夫，努力形成用制度管权、按制度办事、靠制度管人的有效机制。

要充分发挥政治巡察的作用，坚定政治方向，查找政治偏差，抓好中央和省委巡视反馈问题的整改落实，严肃查处领导干部违纪行为。

一时从严易，始终从严难。全面从严治党是我们党永恒的课题。通过从严管理监督，解决好干部队伍身上存在的问题，才能极大地增强我省干部队伍的凝聚力和战斗力。

切实兜住农村留守儿童安全底线

张楠之

省第十三次党代会对发展社会福利和慈善事业，认真做好农村留守儿童、妇女、老人、残疾人和特困群体关爱服务工作提出明确要求。近年来，甘肃从省情出发，着眼全省经济建设大局，高度关注农村留守儿童关爱保护工作，通过实施抓建章立制、抓摸底排查、抓机构建设、抓责任落实和抓督促检查等"五抓"举措，全力推进农村留守儿童关爱保护工作，确保我省农村留守儿童关爱保护工作高起点展开、高标准推进、高质量落实。

按照《国务院关于加强农村留守儿童关爱保护工作的意见》（国发〔2016〕13号）精神，结合甘肃实际，省政府印发了《甘肃省人民政府关于进一步加强农村留守儿童关爱保护工作的实施意见》（甘政发〔2016〕66号），进一步明确了工作目标、任务、要求和措施。建立了由民政、公安、教育、卫生、省高院、省检察院、省总工会、省妇联等28个部门为成员单位的农村留守儿童关爱保护工作联席会议制度，明确了各自职责任务，形成了政府领导、民政牵头、部门配合、社会力量参与的工作机制，为顺利开展关爱保护工作奠定了基础。

根据民政部、教育部、公安部联合印发的《关于开展农村留守儿摸底排查工作的通知》（民发〔2016〕42号）精神，甘肃省民政厅会同省教育厅、省公安厅印发了《甘肃省开展农村留守儿童摸底排查工作实施方案》（甘民发〔2016〕66号），明确了摸底排查工作的总体目标、排查对象、排查内容、实施步骤和工作要求。全省各地通过制定方案、组建队伍、召开会议等方式进行了安排部署，完成了农村留守儿童摸底排查工作，摸清了我省农村留守儿童的数量规模、分布区域、结构状况、生活照料、教育就学等情况，建立了翔实完备的农村留守儿童信息台账，实行了动态管理，为加强关爱服务力量调配、资源整合和精准施策提供了基础数据支持。

围绕实施精准扶贫和新农村建设等项目工程，我省采取新建、整合利用等形式，积极统筹各方资源，推动和加强寄宿制学校、儿童福利机构、未成年人保护管理机构、日间照料中心等关爱保护设施建设，不断满足留守儿童入学需求和临时监护照料等需求。目前，全省14个市（州）分别建成了未成年人保护中心，在50个县级救助站分别设立了儿童部，县（市、区）救助机构覆盖率达58%；36个未建设救助管理机构的县市区分别依托本级福利机构设立了临时救助保护中心。

农村留守儿童关爱保护工作牵扯面广、涉及单位多，推动落实难，甘肃省坚持将抓责任落实合力推进贯穿关爱保护工作始终。一是狠抓各级政府的领导责任落实，对落实领导责任不到位的5个市（州）政府，在全省"合理监护、相伴成长"专项行动电视电话会议上进行了通报，督促各级政府主动承担起领导责任；二是狠抓家庭主体责任落实，通过上门宣讲、训诫谈话、签订委托监护确认书等方式，督促法定监护人在家庭发展中首先考虑儿童利益，依法履行监护职责和抚养义务；三是狠抓县乡人民政府和村（居）民委员会属地责任，加强统筹协调和督促检查，建立定期走访排查机制，明确了村务监督委员会主任或妇女主任担任留守儿童关爱保护专干，确保农村留守儿童得到妥善监护照料、亲情关爱和家庭温暖；四是狠抓部门协同配合责任落实，积极推动落实家庭监护责任、强制报告责任、临时监护责任、控辍保学责任、健康保护责任和户口登记责任，形成了各成员单位在工作部署上协商沟通、信息资源上协调共享、措施配套上协同互补，各司其职、齐抓共管、整体推进的工作格局，有效保障了农村留守儿童的基本生活，兜住了农村留守儿童的安全底线。

甘肃经济要在平稳发展中寻求更大突破

程振伟

近日，省委召开常委扩大会议，传达了全国金融工作会议精神，研究部署我省贯彻落实工作，并分析当前经济形势，部署下半年经济工作。

在全国金融工作会议上，习近平总书记强调，金融是实体经济的血脉，为实体经济服务是金融的天职。甘肃金融业一直坚持服务实体经济，为经济发展出力，与实体经济共同成长。2016年，甘肃金融业增加值实现507亿元，同比增长14.4%，占全省GDP的比重7.09%，占第三产业的比重13.75%，成为甘肃支柱产业。相关数据表明，作为实体经济稳固发展的"定海神针"，去年甘肃金融业保持稳定增长发展态势，对经济贡献度显著提升。

2017年以来，甘肃牢固树立新发展理念，深化供给侧结构性改革，通过问题导向和目标导向，强化对经济运行的监测和调控，狠抓"三重""三一"工作方案落实，努力推动全省经济实现平稳健康发展。上半年全省经济运行总体平稳，各项经济数据明显起色，工业企业效益继续改善，固定资产投资降幅收窄，财政金融增速回升，消费、物价形势总体稳定。

在宏观经济形势复杂多变的环境下，甘肃取得如此成绩实属不易，彰显了省委、省政府的领导得当，抓住了经济发展的"牛鼻子"。结合甘肃实际，制定并实施了努力发展优势产业、大力倡导创新开放精神、把握"一带一路"发展机遇、积极融入全球经济的成功做法。

治不忘乱，安不忘危。需要看到，甘肃经济虽然平稳发展，但仍面临较大下行压力，稳增长任务较重，应做好打硬仗的准备工作。展望未来，要以推进供给侧结构性改革为主线，多用心、出实招、见实效，强化对经济运行的指导和调度，促进经济止滑稳增。发展实体经济离不开金融的支持，甘肃今年国内生产总值增长的预期目标是7.5%，为实现这一目标，全省人民币贷款增速要达到18%～20%，直接融资规模达到700亿元以上。

因此，要突出着力重点，聚焦和落实"服务实体经济、防控金融风险、深化金融改革"三大任务，促进经济和金融良性循环、健康发展。金融业要脚踏实地，贴近企业融资需求，在控制风险的同时，潜心进行业务创新，为实体经济保驾护航，成为经济平稳增长的有力推手。

相比经济发达省份，甘肃经济基础薄弱，发展相对滞后，产业结构较差，社会经济长期处于落后状态。但获得中央政策全力支持，借助自贸区建设，努力开拓创新，善用金融资源，鼓励支持企业加强技术改造和技术创新，大力发展新经济、新产能，探索县域新经济发展模式，实现新旧动能转换，在部分新兴产业领域做到全国领先水平，凸显后发优势。

县域经济是国民经济的基本单元，县强则民强，县富则民富。江浙等经济发达地区的成功经验之一，就是大力发展乡镇经济、县域经济，几乎每个镇、县都有自己的特色产业、拳头产业，实现产业集群，不仅为财政创收，亦带动民众致富。甘肃也要学习这方面的经验，依照各县实际情况，培育具有本地特色的产业，探索强县富民发展模式。

提升县域经济发展层次是甘肃今后五年的重要发展目标，要把强县扩权作为发展突破点，赋予县级政府更大的自主权和决策权，走城乡统筹、产城融合、各具特色的富民强县之路。按照甘肃新型城镇化规划，预计到2020年，甘肃城镇化率将超过50%，这意味着约350万农村人口将转移到城镇，新型城镇化承载人口转移的同时，将进一步推动县域经济加速发展。

创新与开放是永恒的主题，甘肃要保持锐意进取精神，大胆创新实践，以创新引领开放，实现全方位突破发展。坚持以改革开放增强动力活力，推动全面深化改革向纵深发展，不断提升开放型经济发展水平。提振各级干部担当作为的精气神，大力转变思想观念和工作作风，破解经济社会发展难题，以优异成绩迎接党的十九大胜利召开。

新时代，需"刷新"四面基层"墙"

王永良

今天，中国特色社会主义进入了新时代，社会主要矛盾已经转变为人民日益增长的美好生活的需要和不平衡不充分的发展之间的矛盾。这不光是重大的政治论断，更是一盏引领未来的照明灯；这不光是顺应潮流的转变，更是全面提升人民获得感、幸福感，推动全社会共荣的一场革命。同时，脱贫攻坚"一号工程"正紧锣密鼓地在全国上下开展。新时代，基层党员干部更应该适应经济发展新常态，"刷新"四面基层"墙"，当好人民的勤务兵。

"刷新"精神"墙"。坚定理想信念是党的思想建设的首要任务。作为人民的勤务兵，如果放松了党性修养和理想信念上的追求，放松了理论武装和思想改造，精神就会"缺钙"，就很难挺起共产党人的精神脊梁。一方面，要始终做到思想政治过硬、理想信念坚定。认真学习贯彻习近平新时代中国特色社会主义思想，结合"两学一做"学习教育常态化制度化，增强"四个意识"，坚定"四个自信"，全面贯彻执行党的理论和路线方针政策，强化理论武装，保持政治定力，严守政治纪律、政治规矩，始终与以习近平同志为核心的党中央保持高度一致，坚决维护党中央权威。另一方面，要打好思想政治基础，补齐理论储备短板，提升党员干部精气神，展现新时代新形象。坚定文化自信，继承和弘扬老一辈无产阶级革命家留下的宝贵精神财富，发扬优良传统，唱响"红船精神"，释放社会主旋律，传递新时代新思想正能量，构筑中国精神为人民提供精神指引。要用发展着的马克思主义武装头脑，坚决杜绝思想抛锚、认识滞后等短板和问题，坚持理论武装，解决好"总开关"问题。要不断提升理论知识储备，做到在学中思、在思中行，坚定理想信念，当好信仰者和实践者，增强党的创造力、凝聚力、战斗力，永葆基层党员干部活力。

"刷新"担当"墙"。峰高无坦途，新时代，困难和考验在所难免，任时代变迁，忠诚干净、不畏艰险、无私奉献的果敢担当始终是共产党人至死不渝的追求。让人痛惜的是，一些不敢担当不愿担当，遇事推诿扯皮，宁愿游戏人间、不愿谋划出力的现象仍然存在。要当好新时代的干部，首先就要有拼劲，要以敢为天下先、初生牛犊不怕虎的气魄为人民搞好服务。其次，尽职尽责服务于民。党的根基在人民，党的血脉在人民，党的力量在人民，党的成败也在人民，心系于民，服务于民，让人民满意，"不能胜寸心，安能胜苍穹"。再次，增强政治担当。坚决远离不作为、慢作为、懒政怠政等问题，牢固树立担当意识，把个人的追求融入党的事业之中，坚持党的事业第一、人民利益至上，时刻接受考验。第四，要在工作上多倾听群众意见，多了解群众所思所盼，多拜群众为师，查找工作存在的问题和不足，寻找解决问题的方法和路径，不断在实践中身体力行、创新服务形式，提升服务能力。

"刷新"实干"墙"。历史只会眷顾坚定者、奋进者、搏击者，而不会等待犹豫者、懈怠者、畏难者。基层党员干部应该保持初心不改、使命不移，坚信实干兴邦。一要有不折不扣的执行力和亲和力。基层党员干部身在群众第一现场，是汲取工作智慧和力量的第一人，要始终同人民群众想在一起、干在一起，多当"泥腿子"，"撸起袖子加油干"才能做好上情下达、下情上报和掌握好第一手资料。二要有分清轻重缓急的能力。在基层一线，工作任务重，处理事务杂，可以说是千头万绪，需要反复思考总结，有条不紊地苦干实干。坚决摒弃消极被动，坚持解放思想，拓宽思路，开阔视野，主动适应新常态、顺应新形势、落实新要求，而不是"头痛医头，脚痛医脚"眉毛胡子一把抓的蛮干。三要写好"民情日记"，记好"民情账"，为今后的工作提供借鉴和参考。风尘仆仆，风雨兼程，"忘我"于桑梓山野；埋头苦干，真抓实干，在默默奉献中锤炼意志品格。在实干中成长，逐步形成个人能力和争创一流的强大合力。

"刷新"廉洁"墙"。从深入贯彻落实中央"八项规定"精神以来，一桩桩严重违纪违法案件令人触目惊心，巡视利剑直击腐败分子心脏，全面从严治党的进程持续升温，深化监察体制改革在新时代迈出了新步伐，史无前例的反腐态度和决心得到了印证，反腐成就令世人瞩目。作为基层党员干部，应做到以下几点：一是应该强根固本，勇于自我革新。"打铁还需自身硬"，做到开好每一次党组织生活会，对照反面教材开展批评与自我批评，红红脸、出出汗，防偏纠错坚持不懈刹"四风"。"知恶不黜，则为祸始"，防微杜渐多做咬耳扯袖，带头严纪律、转作风，做到守规矩、明纪律、做表率。二是要坚持宗旨高线，筑牢道德防线，严守纪律底线，绝不踩"红线"、闯"雷区"，做到抵得住诱惑、经得住考验，堂堂正正，清清白白，做忠诚干净好干部。三是要持之以恒加强作风建设，要坚持原则，敢于动真碰硬。坚决不搞一团和气，相互吹捧，不搞"好人主义"，不搞假和谐、不当"两面派"，坚决挺纪律，倡清廉。

绿水青山真是金山银山

武威市网信办

"一条大河波浪宽，风吹稻花香两岸。我家就在岸上住，听惯了艄公的号子，看惯了船上的白帆。这是美丽的祖国，是我生长的地方，在这片辽阔的土地上，到处都有明媚的风光……"每当听到电影《英雄儿女》中郭兰英高唱的这首《我的祖国》，我都会被歌词中唱响的那种自然优美的风光所感染所陶醉。

其实，我的家乡也曾有过另外一番美丽景象。据老一辈人说，在很久很久以前，祁连山的冰川融水，自石羊河一泻而下，进入民勤盆地，造就了一个水波浩渺的大泽——猪野泽。在很长的一个历史时期，因为水量丰沛，我的家乡是水草丰美，景色秀丽。被誉为"可耕可渔"的"塞上沃区"。

可是，大自然盈虚消长的法则，再加上人类毫无节制地索取，祁连山雪线上升了，地表水逐年减少了，地下水也在人们的大规模开采中下降了。风沙肆虐，苗木枯萎，土地荒芜，沙逼人走……罗布泊的阴云，一度在这片绿洲上笼罩。

是党和政府大力倡导并实施的生态文明建设，让一方土地重现生机。近年来，在国家支持下，我的家乡建设了一个国家工程——石羊河流域重点治理。治沙造林力度加大，水资源得到科学配置，经济结构不断优化，人们的生产生活方式发生了根本性转变。在石羊河上游，祁连山水源涵养林得到有效保护，而石羊河中游，每年都有计划地向下游放水。石羊河尾闾湖青土湖，在干涸半个多世纪后，重现芦苇丛生、碧波荡漾的秀色。正是因为坚持了"五大发展理念"，贯彻了习近平总书记"八个着力"重要指示精神，风小了，沙少了，一方百姓的日子越来越好了。

党的十九大报告指出："必须树立绿水青山就是金山银山的理念，坚持节约资源和保护环境的基本国策，像对待生命一样对待生态环境"，说到了我们的心坎上，我听了感到十分亲切。因为，我家乡的生态演变，以活生生的事实验证了一个道理：地，并非种得越多越好，广种薄收只能浪费有限的资源；水，必须讲求使用效率，不加珍惜终会匮乏；人，必须遵守自然规律，爱护我们生存的自然环境，否则就会受到惩罚；走节约资源、保护环境和发展经济相结合的文明发展之路，才是我们正确的选择。

绿水青山真是金山银山，有绿水青山的地方，风景好、人气旺、发展快、收入多。地也灵秀，人也美丽。这是大自然赋予我们的弥足珍贵的财富。让我们每一个人珍爱这宝贵财富，一滴一点当思来之不易，一枝一叶做到倍加珍惜。在绿水青山面前，把节约当作自觉行动，让爱护成为社会时尚。坚决摒弃一切有悖于生态文明理念的行为，用我们的共同努力，为美丽中国增光添彩。

"请到天涯海角来，这里四季春常在"，只要我们践行了生态文明的理念，相信有一天，我们走遍天涯海角，都会像这首歌曲唱的一样，时时春光烂漫，处处景色美丽。

共同守护好我们的网络精神家园

陇　平

习近平总书记于2016年4月19日在京主持召开网络安全和信息化工作座谈会并发表重要讲话，强调网络空间是亿万民众共同的精神家园，要营造一个风清气正的网络空间。

我国是一个网络大国，同时正在由网络大国走向网络强国，截至去年年底，我国网民已达6.88亿，网络的开放程度和活跃程度也是世界上少有的。网络的飞速发展不仅给网民带来了红利，也成了助推经济发展的新动能，对稳就业、促升级发挥了重要作用，并推动着经济社会发生深刻变革。我们要着力推动互联网和实体经济深度融合发展，发挥好"互联网+"的作用，以信息流带动技术流、资金流、人才流、物资流，促进资源配置优化，促进全要素生产率提升，为推动创新发展、转变经济发展方式、调整经济结构发挥积极作用。为"大众创业、万众创新"提供平台，创造新的业绩。

值得强调的是，网络并不是"法外之地"。在现实生活中，总有一部分人为牟取暴利而罔顾道德法纪、背"道"而行。如近期遭曝光并关闭的一些网站，由于他们不善于管理或贪图利益，致使网站出现网络欺诈、淫秽低俗、扰乱秩序，为了迎合点击量故意制造虚假新闻、散布谣言、制造恐慌等情况。广大网民应自觉行动起来，加强监督和举报，协

209

助有关部门加以严惩。

　　我们不仅要捍卫、爱护我们的网络精神家园，也要用好网络这个大平台，为我们自己"充电、补钙"。互联网作为了解民情、汇集民智的渠道，而今已越来越多地融入我们的生活工作当中，特别是在信息公开化、行政透明化、执政法治化的今天，互联网信息量大、即时性强、交流范围广等特点越来越被大家认知与运用。通过网络掌握大量新闻信息，有利于运筹于帷幄之内，决胜于千里之外。通过网络了解网民的意见建议，使我们想办法、办事情更符合实际，更符合人民群众的需要，能够更加迅速、准确地为百姓办实事、办好事、办急事。作为普通网民也可根据自己的工作需要，搜集整理相关资料，以便更好地完成工作，更好地补充自己知识与阅历的短板。网络民意在问政、监督、反腐等领域所发挥的作用也将日益显现，并将发挥无法替代的作用。

　　共同守护好我们的网络精神家园，就要从我做起，从小事做起，严格遵守网络七条底线。让我们携起手来，更理性、更客观、更全面地反映问题、反映民生，为党分忧、为民解难，真正担负起每个人应尽的责任。唯有如此，才能让我们的"精神家园"越来越开阔、越来越畅通、越来越具有力量。唯有如此，才能让我们的精神家园越来越符合最广大人民的利益。唯有如此，才能更好地加强对网络内容的建设，更好地弘扬主旋律、传播正能量，更好地培养向上向善的网络文化，让我们的精神家园散发出更加璀璨的光芒。

改革强军鼓士气　拱卫发展铸忠魂

谢伟峰

2017年7月21日，中共中央总书记、国家主席、中央军委主席习近平在参观"铭记光辉历史，开创强军伟业——庆祝中国人民解放军建军90周年主题展览"时强调，"90年来，人民军队在党的领导下不断从胜利走向胜利，为民族独立和人民解放，为国家富强和人民幸福建立了彪炳史册的卓著功勋"。

人民军队的建设，和改革发展的前途命运息息相关。不管是从哪个角度的辩证来看，都可以得出一个毋庸置疑的结论：一支能够撑起国家脊梁的强大军队，是保证中国各项事业顺利发展的重要法宝。近日，十集大型政论专题片《将改革进行到底》播出了第七集《强军之路》，引发了民众对军队改革的热议。这部虹吸了大量的关注流量的专题片，以光影的方式，聚焦了深化军队改革之筚路蓝缕，也深入解读我军这一轮整体性、革命性变革的时代背景、战略考量和重大举措，生动展示了我军改革重塑的全景画卷、巨大成就和崭新风貌。

我们看到，十八大以来，习近平总书记提出强军兴军的历史性命题，推动军队规模结构和力量编成改革，用实际行动书写"改革强军进行时"的时代篇章——2013年11月，党的十八届三中全会召开。经习近平提议，党中央决定将国防和军队改革纳入全面深化改革的大盘子，上升为党的意志和国家行为。

2014年，习近平担任中央军委深化国防和军队改革领导小组组长。

2015年7月，一整套解决深层次矛盾问题、有重大创新突破、体现人民军队特色的改革设计破茧而出。

中国军队的改革之路，印证了这个国家在构建力量上的强大凝聚力。军队是国家组织的缩影，且看那些经常发生军事政变的国家，也往往都是社会混乱、政权更迭的国家。正是在党的绝对领导下，军队改革才能够发挥组织化基础的强大凝聚力，才能够让军事力量被崇高的共产主义理想所感染。

在此次军队改革中，广大官兵扛起了时代赋予的历史责任，担当了发展并必须具备的和平守卫。也正是因为党对军队的绝对领导，才凝聚出"集中力量办大事"的全方位的战略升级。也正是坚持了对党的绝对拥护，社会主义现代化建设的各项事业发展有了坚实的基础。

军队建设与改革发展，宛如促成正面螺旋向上的两个力矩，二者画出了相互成就、相互推动的轨迹，把中国引向"两个一百年"的辉煌目标。这是国之福祉，民之期盼。

改革强军鼓士气，拱卫发展铸忠魂。站在世界的战略角度来看，不能否认战争始终伴随着人类发展的左右。不管是出于正义与邪恶、光明与黑暗，战争的双方往往都是不经选择的遭遇。或者因为地缘政治，或者因为奴役心态，再或者仅仅是性格恶好……对于波谲云诡的国际形势，弱者并没有高喊自由与和平的权力，然而有一支强大的军队作为依靠，却能足够从容自信地去笑看风云。

作为曾经的东方主战场，中国比任何国家都明白，和平，是多么多么珍贵。而拱卫和平，绝不能靠那些世界级玩家的翻手为云覆手为雨。只有坚定不移地发展自己的子弟兵，自己的生力军，我们才能够在世界民族之林中，树立属于中华民族的高度。

改革是踏出强军之路的铁脚板

谢伟峰

大型政论专题片《将改革进行到底》第七集《强军之路》（上、下集），以习近平总书记国防和军队建设重要论述为统揽，以改革的伟大实践为主线，系统阐释了习近平总书记改革强军战略思想，生动展示了我军改革重塑的全景画卷、巨大成就和崭新风貌，观后令人振奋。

改革强军是深谋远虑的战略考量。实现中国强军梦，改革是必由之路。党的十八大以来，以习近平同志为核心的党中央将国防和军队改革纳入全面深化改革的大盘子，上升为党的意志和国家行为。中国近代史告诉我们，思想保守、故步自封，就会陷于战略被动，就会落后挨打。人民军队的发展史，也是一部改革创新史。我军之所以从小到大、从弱到强、从胜利走向胜利，就是不断改革创新的结果。在国际形势复杂多变的今天，国防和军队建设也面临新的历史任务。实现党在新形势下的强军目标，建设同我国国际地位相称、同国家安全和发展利益相适应的军力，为实现中国梦提供有效保障，关键要靠改革创新。

聚焦实战是改革的出发点。怎么改革才能强军兴军，习近平总书记的战略思想提供了明晰的路线图，"一个牛鼻子""六个着眼于"为改革提供了重要方法论。强军目标就是改革的"牛鼻子"，用强军目标审视、引领、推进改革，就能保证不走偏，出实效。着眼于政治建军，形成军委管总、战区主战、军种主建的格局，就能抓实党的领导。着眼于依法治军、从严治军，就能保证人民军队的性质永不变色。着眼于打造精锐作战力量，实现由数量规模型向质量效能型转变，就能保证战力领先。着眼于抢占未来军事战略制高点，充分发挥创新驱动作用，就能保证与时俱进。着眼于用好军事人力资源，就能为军队发展提供充足的智力支撑。着眼于军民融合发展，就能把军队植根于人民群众。

能打胜仗是改革的落脚点。改革是为了确保党对军队的绝对领导，确保军委高效指挥军队，为充分发挥战力创造条件。领导指挥体制是重点，规模结构和力量编成是难点，政策制度是亮点，也是实现我军整体性革命性变革重塑的切入口。通过精简人员、机构改制，已形成全要素、多领域、高效益的建军格局。改结构催生新战力，改编制锻造新利剑，改革使军队正在成为管理更科学、指挥更高效、作战能力更强大的钢铁之师。通过重塑国防大学、国防科技大学，以联合作战院校为核心，优化军队人才结构，为人才强军打下坚实基础。成立陆军领导机构、火箭军、战略支援部队，形成了现代化军事力量体系，将成为军队建设新的里程碑。

改革不是纸上谈兵，出水要见两腿泥。一系列改革措施的推展，使我军面貌变化明显，制约军队发展的体制性障碍、结构性矛盾基本得到解决。领导管理体制实现历史性变革，联合作战指挥体制改革取得实质性突破。改革加快了武器装备更新换代，以三代装备为主体、四代装备为骨干的武器装备体系正在形成。第一艘国产航母下水，歼-20、运-20亮相，海空军巡海实现常态化，战略预警、远海防卫、远程打击、战略投送、信息支援等新型作战力量得到充实提升。这场重塑重构使我军体制结构和发展格局焕然一新，部队面貌今非昔比，为强军增添了新动力，为国防和军队现代化奠定了深厚基础。

勇于改革是制胜的先机。习近平总书记指出，深化国防和军队改革是"我们回避不了的一场大考"，军队一定要向党和人民、向历史交出一份合格答卷。历史必将证明，此次改革是强军的夯基工程。

沙场阅兵扬军威　热血铸就和平魂

谢伟峰

2017年7月30日上午的朱日和训练基地，碧空如洗，天地苍茫，三军阵列，铁甲生辉，庆祝中国人民解放军建军90周年的阅兵，将在这块东方最大的练兵场上进行……上午9时，激流勇进、威武雄壮的中国人民解放军在"八一"军旗引领下，阔步走过检阅沙场，接受党和国家最高领导人的检阅，更接受了党和人民的检阅。

这是中国人民解放军史上首次沙场阅兵，也是新中国成立以来首次为建军节举行的阅兵。沙场点兵，钢铁洪流卷起滚滚烽烟；军歌嘹亮，战士铿锵之声阴山动。从90年前，南昌城头一声枪响，到现在朱日和训练基地的三军亮剑，中国人民解放军用视死如归的抗争和气势如虹的战斗，把山河破碎的中国护送进了世界强国之列。我们眼前的人民军队，是在战火中诞生、从战争中走出来的威武之师、文明之师、胜利之师，在这次举世瞩目的朱日和沙场阅兵里，人民军队的阔步跨越，更将成为历史所铭记的经典瞬间。而它给予的诸多意义，也远远超过了沙场上的虎贲云集、势如雷霆。

阅兵，诠释的是报国情怀。军队的职责，是要在国家存亡之间积极奋起，是要在战争之中拱卫和平，是要让历史和现实在自己身上产生交汇。报国，是军队扬威战场的最大理由。在此次阅兵中，习近平就赞誉人民军队"不愧是忠心报国的英雄军队"。这个赞誉，不仅是面对朱日和训练基地的受阅部队说的，更是对那些在林海雪原、冷月边关、碧海礁盘以及坚守于祖国角角落落的解放军战士们说的。我们人民军队的武德，是舍生取义、公而忘私，这是人民军队亘古不变的最高理念。正是"最可爱的人"，让居于这个时代的我们有了实现自己梦想、享受自己生活的最大空间。今天，朱日和训练基地上的威声震天，又一次喊出了军人报国情怀。他们是最值得我们尊敬的一个群体。

阅兵，彰显的是军人力量。这是一场对人民军队跨越90年历史的检阅，这也是一次面向未来的重温。当年小米加步枪的"星星之火"，已壮大成为让世界任何一个国家都不敢小觑的钢铁洪流。随着镜头我们看到的阅兵场上，歼-16战机呼啸长空，新型导弹东风-31AG洲际导弹直指苍穹，各种新型武器轮番上场，特种作战、信息作战、海上作战等新时代战斗矩阵闪亮登场……如此气势磅礴的军人力量，看得人热血沸腾。机动作业，立体攻防，箭织天网，护卫长空……人民军队以实力铸就钢铁方阵，震慑一切敢于来犯之敌。对于此景，习近平在阅兵式上更是掷地有声地说出"我们的英雄军队有信心、有能力打败一切来犯之敌！"国家领导人的铿锵之语，让国人更笃信于这支人民军队扛起国家命运的力量担当。

阅兵，体现的是和平精神。"安享和平是人民之福，保卫和平是人民军队之责。"阅兵场上，习近平对于当前环境的审视，以及军人职责的强调，洞若观火，一针见血。从1840年第一次鸦片战争到1949年新中国成立的那段岁月里，中国军人争民族独立，求自由解放，经历了一场用血与火的洗礼来捍卫和平、维护正义的旷日持久之战，如此得来的珍贵和平，已经融入中华民族的精神血脉，更成为中国军人薪火相传的价值基因。如今，中国已经走到了经济发展的康庄大道。但"天下并不太平，和平需要保卫"。沙场阅兵就是要扬军威，而热血铸就的正是和平魂。我们阅兵，不是展现力量肌肉，也不是为了耀武扬威，而是以拱卫世界和平的高度去检阅一支能保卫自己国家、能保护良好发展大环境的人民军队。这是和平的军队，更是我们自己的军队。

我们的军队，必将从胜利走向新的胜利。

文博会永不落幕　丝路文化再铸辉煌

张楠之

　　从一粒沙，到一颗珍珠，中间要经过多少个日夜的磨砺，才能够成就今日的晶莹剔透？

　　从商路上不起眼的一个落脚之地，到一村、一镇、一郭、一城，走过多少岁月的沧桑浮沉，才能让这片土地凝结为古丝路上的商贸名城和新丝路上的文化重镇，成就今日的敦煌？

　　鸣沙山下，月牙泉边，敦煌飞天的异彩，正吸引着世界上越来越多的目光。敦煌，这座古老的丝路名城，也正在成为"一带一路"倡议下，连接丝路沿线国家、沟通世界多样文化的桥梁纽带。

　　文化之事，根愈深，则干愈壮，树愈繁，则叶愈茂。而枝与枝的碰撞，叶与叶的激荡，奏出的，则是亘古永存的文化之音。这些音符，被绘之于壁，塑之于石，书之于纸，绣之于帛，在不同的载体上，以不同的形象，穿越千年时空，向后世的人们展示它的美丽。

　　而在今天，"数字敦煌资源库平台"和"数字敦煌"资源库英文版相继上线，为丝绸之路和敦煌文化的传承与传播提供了信息化时代的新路径。由此而开启数字资源全球共享模式，被共享的，不仅是"文化"之"文"即资源，更是"文化"之"化"即传播、碰撞与融合、借鉴，是不断扩大的中国文化的影响力。

有传承有创新，文化才有活力。每个时代都有每个时代的特点，这特点必然会表现在文化的传承上，形之于对传统文化的当代表现上，换言之，任何文化，经过一个时代，便会留下一个时代的痕迹，注入属于那个时代的元素和因子。文化因之而变，也因之而活，更因之而得以继续传承和发扬光大。

文博会上，以"荟萃艺术精品，弘扬丝路文化"为主题的文艺展演，有歌舞和声光电，有音乐和设计，有视听享受，几乎囊括了所有的艺术样式。这样一场多元文化、多样文化的集中大展示，正是秉承敦煌文化精神特质的一次大的传承与创新，也是一场新元素与传统元素的互动与融合。

开放、包容、碰撞、融合是丝路文化的特色，敦煌文化之所以独具魅力，正是因为它是古代丝绸之路上各国各民族文化元素融汇后的集大成者。这也就预示了，敦煌文化乃至丝路文化未来的活力之源，仍然是交流互通，是新丝路上不同文化之间新的激荡与碰撞。

来自51个国家、3个国际组织的135位外宾，以及中央国家部委、沿线各省（区、市）和港澳台的百余名嘉宾，应邀出席，共襄盛举。更多国家，更大规模，更高层次，这不仅再一次印证了丝路沿线国家对"一带一路"倡议的高度认同，更从一个倾面说明，丝路文化的未来必然会迎来更多的互动与创新。

虽然只有短短的两天时间，但对于文博会而言，落下帷幕的是形式，永不落幕的是精神。同样的，丝路文化、敦煌文化也永远不会落幕，无论是在线上还是线下，无论是在中国还是外国，文化的种子已然播下，便注定了会继续生根发芽，开出别样的奇异之花。

终有一天，这花会化作漫天花雨，让丝路文化伴随着"一带一路"建设"和平之路、繁荣之路、开放之路、创新之路、文明之路"美好愿景的实现，创造出属于这个时代的辉煌。

从网络信号的变迁看农村发展

张楠之

算起来，老家所在的小村也不算偏僻，村村通的公路早就修到了家门口，有线固话十多年前就进了很多农家，又属平原地带，没有什么遮挡物，可是，手机信号却总是若隐若现，时好时坏——在屋子里就坏，在院子里就好些。

这里的好坏还只是就通话而言，如果在通话之外还想上个网，就算拿着手机爬上房顶，也只能望空兴叹——半天打不开个网页、发不出个信息。

很长一段时间，过年过节回老家对于我而言，都不啻经历一场"灾难"——想查的资料根本查不着，约稿的信息经常接不到，写好的稿子基本发不出。实在没办法了，有时候不得不隔段时间就跑到镇上去上上网、收发一下信息。

这是五六年前的情景。

最近这五六年来，回老家最大的变化就是，手机信号越来越好了，手机上网越来越快了。

村里一东一西陆续各建了一个信号塔，一个移动的，一个联通的。去年回家，发现宽带也已经进了村，而且，费用跟我所在的青岛相比，更是便宜得让人不敢相信。

在一些装了宽带有了WIFI的人家墙外，总会有拿着手机蹭网的小伙子，一蹲就是大半天，玩得不亦乐乎。

我劝老爸也在家里装上宽带，他说："你们又不在家长住，我又用不着上网，装那东西干什么？"

去年，家里多了个小朋友，父母来帮我照看孩子，我立刻把老爸的老人机换成了智能机，手把手教他玩微信、看新闻、看视频。很快他就玩得很溜，平时没事儿的时候，经常把网上看到的各种新鲜事儿讲给老妈听，两个人总是开心得不行。

他还很快就被拉进了好几个同学群，然后，在某个群主的召集下，毕业三十多年的老同学们一起回到母校搞了次大聚会。

在感叹时光易逝之余，老爸也不断地感叹智能手机和网络的方便与强大。

有些习惯一旦养成，就很难改变。用起了智能手机的老爸，每天都在群里跟老同学们聊上几句的老爸，再次回到没有WIFI信号又舍不得花钱买流量包的老家，终于接受了我装宽带的建议。

其实，老爸大部分时间都在我和哥哥家轮换居住，每年也只是在农忙的时候才回老家住上一段时间，种种收收。但手机和网络打开的这扇窗，不仅让他感受到了沟通与获取资讯的便利，更拉近了他与我们以及更广大世界的距离，让他与老妈的生活每一天都能有一些不一样的新鲜感。大概正是这份新鲜感，让花甲之年的他在网络面前开始欲罢不能了。

装上宽带，老爸会经常拍一些老家的照片给我们，关于老院的，关于庄稼的，关于人的。故乡与我的距离，因为网络和老爸的智能手机，似乎在一夜之间变得更近了，更亲了。

国庆中秋双节回家，终于享受了一个随时随地都有网络信号的假期，可以随时上网，可以随时分享，那感觉，真如鱼得水一般。

临走时，我向老爸承诺，年底时一定给他买台平板电脑，这样，他就可以和老妈一起有个大点的屏幕，上网看自己喜欢的电影和电视剧了。

引导外出"精英"
参与家乡建设 助力脱贫攻坚

顾卫国

　　脱贫攻坚事关人民福祉，影响全面小康社会如期建成，是摆在各级党委政府面前的头号工程。党的十九大报告指出，要动员全党全国全社会力量，确保到2020年我国现行标准下农村贫困人口实现脱贫。只有团结一切可以团结的力量，调动一切可以调动的积极因素，打好组合拳，才能早日实现全面小康的庄严承诺。出生在贫困村，如今分散在各级机关、企事业单位以及常年在外创业的"精英人士"，是一支长期被忽视、没有很好利用的有生力量，充分发挥他们的积极作用，对促进贫困村脱贫攻坚具有重大深远意义。

　　贫困村的"精英人士"，对早年出生、成长家乡的山水草木、风土人情了然于胸，对家乡的贫穷面貌体察深刻，能够更深刻地看到本村致贫原因及制约因素；他们又常年在外工作，具备一定的文化知识，熟悉国家大政方针，眼界开阔，能够为贫困村脱贫攻坚提供较为可行的发展思路。随着贫困村"精英人士"在城镇打拼定居，他们逐渐剥离了农村身份，融入了新的城镇生活，家乡不仅仅是他们逢年过节寄托乡愁的精神家园，更是他们难以割舍的浓情牵挂。发家致富后，关注家乡、助力家乡脱贫发展已经成为他们当中大多数人的自觉选择。

　　众所周知，制约贫困地区脱贫致富的因素很多，除了自然环境恶劣、缺少资金技术以外，更为严重的是缺少脱贫攻坚的人才支撑。贫困村"人才荒"问题非常严重，引进人才更是难上加难，随着大量学有所长及青壮年劳动力的不断单向外流，老少妇孺病残成了村里的主体，有的村级两委班子也从这部分人群中推选而出，因此，如何寻找并有效利用人才成为摆在村级两委面前的首要问题，而贫困村"精英人士"是首当其冲应该考虑的人选。村委会通过成立村脱贫攻坚咨询议事委员会把大家凝聚起来，人多的还可以按专长组建监督组、对外联络组、宣传组等若干小组，有组织有目的地团结带领全村群众脱贫奔小康。脱贫攻坚咨询议事委员会在村级两委的领导下开展工作，主要为贫困村脱贫攻坚工作起到提供发展思路、引进资金项目、监督跟踪落实、宣传引领带动等积极作用。

提供发展思路。贫困村"精英人士"可以利用自身优势，结合当地实际，依据市场规律，有针对性地帮助村委会出谋划策，提出一系列具有打基础、利长远、促发展的脱贫致富参考建议。这样既拓宽脱贫致富渠道，也避免简单仿效、一拥而上、盲目跟风等情况发生，让贫困村走可持续、特色化的发展道路。

引进资金项目。贫困村"精英人士"可以利用自己的人脉资源和关系，按照当地招商引资相关政策，靶向介绍引进适合本村发展的资金项目，解决贫困村脱贫致富融资难问题，以项目带发展，通过兴办农副产品加工实业，增加农产品附加值，不断帮助村民增收。借助人脉关系引进项目不仅可以增强投资人的信任和信心，还可以减少中间梗阻环节，让项目实施驶上快车道，早建设早产出早见效。

监督跟踪落实。当前，国家在全面小康建设的过程中相继出台了许多为农惠农政策，投入了大量扶贫资金，但由于缺乏有效监督，一些干部利欲熏心，欺瞒群众，导致国家政策在农村变形走样，扶贫领域贪腐案件多发高发，严重损害了群众利益，阻碍了小康进程，误国误民，贻害无穷。贫困村"精英人士"如果能广泛参与进来，就可以作为一支监督力量，约束村干部违法违规行为，堵上跑冒滴漏的口子，让贪腐行为无处遁形，让不作为、乱作为成为"过街老鼠"，让脱贫既定方案在阳光下进行。

宣传引领带动。贫困村"精英人士"组建脱贫攻坚咨询议事委员会本身就是一种行动上的示范带动，他们脱贫后不忘乡邻，自愿"回归"反哺家乡，不仅可以激发困难群众的情感认同，凝聚人心，还可以激增他们脱贫奔小康的愿望。同时，贫困村"精英人士"利用自己的社交朋友圈以及掌握的信息技术，在互联网、微博、微信等媒体上广泛宣介家乡的特色农产品、旅游资源、历史文化、风土人情等，让外界了解家乡，打通与外界连接的信息通道，让家乡重新焕发生机。

村级两委要借助春节、清明、国庆等节假日，利用贫困村"精英人士"回乡探亲之际，定期召开脱贫攻坚咨询议事委员会会议，通报阶段工作，查摆问题困难，听取大家意见，商讨解决之策。因故不能参加的，可以通过实时在线视频或者QQ群、微信群发布议事结果，尽可能集思广益；一时解决不了或超出能力范围的，可以让"精英人士"咨询有关专家或权威机构，争取得到合理合法解决。

各级党委政府要引导、相关企事业单位要鼓励贫困村"精英人士"参与、投身家乡脱贫攻坚工作，对于积极响应并做出突出贡献的先进个人要树立典型，通报表彰，正面宣传，让这种力量在脱贫攻坚、全面建成小康社会的伟大实践中绽放光彩，发挥出他们应有的作用。

青年有梦想 甘肃有力量

李 强

习近平总书记在十九大报告中指出，青年兴则国家兴，青年强则国家强。青年一代有理想、有本领、有担当，国家就有前途，民族就有希望。

对于国家来说，青年的"兴"与"强"至关重要，对于经济发展相对落后的西部省份甘肃而言，青年的"兴"与"强"尤为重要。

有人说，作为一个经济发展相对落后的地区，甘肃在吸引青年人才上并不具备优势，本地青年人才也存在大量外流的现象。这当然有一定的道理。但是，任何事情都有其两面性，今天的落后未必就是永远的落后，今天的劣势未必就是永远的劣势。

反观改革开放之初，也出现过人才外流现象，出国留学者多，学成归国者少，但如今却出现了逆转，不仅海归众多，甚至不少海归在与本土人才的竞争上已经不具优势。反观东部发达省份的农村也有类似现象，二三十年前，外出打工者多，返乡务农者少，但如今却是外出打工者渐少，返乡创业者渐多。究其原因，都不外"机会"二字。

如今的甘肃也已今非昔比。作为"丝绸之路经济带"的重要组成部分，甘肃在"一带一路"倡议的实施过程中扮演着重要角色，也面临着巨大的发展机遇。在"大众创业，万众创新""中国制造2025""互联网+"、大数据等领域，甘肃也有自己的抱负和具体措施。而围绕财税、融资、土地、人才等方面，甘肃省则制定出台了一系列支持战略性新兴产业发展的政策措施，建立了战略性新兴产业协调推进机制，为产业发展营造了良好环境。

这一切实际上都预示着这片土地早已不是一片沉寂的土地，而日渐成为一片投资与创业的热土。对于青年人，尤其是出生成长在这片土地上的青年人来说，如何在历史的机遇面前找到机会，如何在机会中建功立业，如何在建功立业的过程中建设好、发展好自己的家乡，是每个人都必须认真思考的问题。

这个时代为每个人都提供了建功立业的机会。机会留给有梦想的人，留给愿意为梦想努力拼搏的人。只要你去想，只要你去做，机会就在，梦想就会成为现实。每个人的梦想汇聚起来，就是国家与民族的梦想，就是"中国梦"。每个人为建设家乡而付出的努力，最终汇聚起来，就是中国梦的甘肃篇章。

习近平总书记指出，中华民族伟大复兴的中国梦终将在一代代青年的接力奋斗中变为现实。全党要关心和爱护青年，为他们实现人生出彩搭建舞台。

在留住青年人才、吸引青年人才方面，作为青年人组织的共青团应该发挥更大的作用，从思想上、生活上、干事创业的支持上，为青年人才充分发挥聪明才智创造更多的条件，争取更多的支持。

而每一位青年人也都应该自觉树立远大的理想，同时脚踏实地做好自己的工作，刻苦钻研提升自己的专业能力，认真学习培养责任担当意识，与家乡共同成长，与家乡共同进步，踏着时代的脉搏向前发展，志存高远，脚踏实地，勇做时代的弄潮儿，在实现中国梦的生动实践中放飞青春梦想，在为人民利益的不懈奋斗中书写人生华章！

新时代召唤堪当大任的新青年

张楠之

时代总是垂爱青年，尤其是进入新时代，对广大青年更是寄予深情和厚望。

"青年兴则国家兴，青年强则国家强。""青年一代有梦想、有本领、有担当，国家就有前途。""中国梦是我们这一代的，更是青年一代的。""全党要关心和爱护青年，为他们实现人生出彩搭建舞台。"身处新时代，青年的分量由此可以掂量。

作为当代青年，聆听十九大报告足以触摸未来为我们施展才华所提供的舞台有多么广阔。可以说，报告中提到的很多方面都和青年有着千丝万缕的联系。特别是实施科教兴国战略、人才强国战略、创新驱动发展战略、乡村振兴战略、区域协调战略、可持续发展战略、军民融合战略，建设科技强国、质量强国、航天强国、网络强国、交通强国、数字强国、智慧社会，哪一个方面都离不开青年的广泛参与。

更公平的物质分配机制，更和谐的民生解决方案，更正义的政策与法治环境，更宜居的现代生态环境……新时代为我们勾勒出更加美好的新蓝图，同时也发出新的召唤。来而不可失者，时也；蹈而不可失者，机也。作为当代青年，就要顺应新时代新召唤，做一名适应时代发展需要的有理想、有本领、有担当的青年。

青年有理想，则国家有希望。中国共产党人的初心和使命，就是为中国人民谋幸福，为中华民族谋复兴。中华民族伟大复兴的中国梦终将在一代代青年的接力奋斗中变为现实，作为新时代新青年更要把个人的小理想统一到"为人民谋幸福""为中华民族复兴"的大理想上来，始终与党同心，与国家同命运。

青年有本领，则国家有力量。对广大青年来说，新时代既是机遇，也是挑战。建设社会主义现代化强国，说到底人才是重要支撑。十九大报告放眼未来大胆提出，培养造就一大批具有国际水平的战略科技人才、科技领军人才、青年科技人才和高水平创新团队。作为新时代新青年，就要瞄准"国际水平""战略""科技""创新"来铸造本领，成为顺应时代发展的弄潮儿。

青年有担当，则国家有前途。伟大的新时代，召唤堪当大任的新青年；伟大的新时代，需要踏实肯干的新青年。习近平总书记在陕北梁家河插队的七年，深刻地诠释了青年人的担当。作为队员，他学会犁地担粪；作为社教干部，他带头修厕所、打坝田；作为大队书记，他带领全村修沼气、挖水井。于当代青年，就要保持这种昂扬向上的精神状态和一往无前的奋斗姿态，面对任务不推诿，面对困难不退却，面对矛盾不回避，面对挫折不放弃，始终坚定理想信念，勇做新时代的奋进者、开拓者、奉献者。

新时代壮阔的征途、宽广的天地、美好的前景，吸引着我们，呼唤着我们，鼓舞着我们。我是青年我自豪，我是青年我奋斗。让我们一起加油，在实现中国梦的生动实践中放飞青春梦想。

贺词点亮中国心

赵海燕

金鸡辞岁，旺狗贺春。

2017年的最后一天，国家主席习近平发表2018年新年贺词。

过去的一年，科技创新、重大工程建设捷报频传；沙场点兵，纪念建军90周年；党的十九大胜利召开，开启了中国特色社会主义新时代新篇章……

一桩桩、一件件大事记，牵动着世人的双眼，温暖着中国人的心，朴实的言语、诚挚的情感，满载着深切的感动："千千万万普通人最伟大。"从西藏隆子县玉麦乡的乡亲，到内蒙古苏尼特右旗乌兰牧骑的队员；从西安交大西迁的老教授，到南开大学新入伍的大学生。更有千千万万个像他们一样的普通人——工人、农民、快递小哥……正在追求幸福的道路上"撸起袖子加油干"。

国内生产总值迈上80万亿元人民币的台阶，城乡新增就业1300多万人，社会养老保险覆盖9亿多人，基本医疗保险已覆盖13.5亿人，又有1000多万农村贫困人口实现脱贫，340万贫困人口实现易地扶贫搬迁，各类棚户区改造开工数提前完成600万套目标任务……

人民书写了历史，成就归功于人民。

人民在迈向全面建成小康社会的征途中感受着更多的获得感、幸福感、安全感。

十九大的宏伟蓝图已绘就，改革开放的脚步更加铿锵有力，三年后打赢脱贫攻坚战，夺取新胜利的号角已吹响……

各级党委、政府和各级领导干部既要"想群众之所想，急群众之所急"造福于人民，又要不驰于空想、不骛于虚声，勤勤恳恳工作、踏踏实实付出，以奋斗之志，克服改革阻力，抛弃事业路上的不如意，补齐民生工作中的短板，用"实干"托举中国梦的坚定信念，书写新时代的中国故事。

健康中国为甘肃中医药"轻推一掌"

谢伟峰

　　国人常把健康比作1，事业、家庭、名誉、财富等就是1后面的0。这个形象的比喻，映射出国人对于健康的高度关注。民之所望，政之所为。在党的十九大报告中，不仅勾勒出我国未来经济、社会、民主、民生方面的发展路径与图景，也明确了实施健康中国战略，指出了"人民健康是民族昌盛和国家富强的重要标志"。这凸显出执政党把人民健康放在优先发展的战略地位。值得关注的是，党的十九大报告中，强调"传承发展中医药事业"，这对于正在擘画中医药发展规划蓝图的甘肃而言，不啻是"轻推一掌"的利好。

　　甘肃是中医药资源的天然富矿，不仅有道地药材之乡，更借中医药产业打造了产业矩阵，输出了中国传统医药文化，形成了"人无我有，人有我强"的引领效应。在中国进入新时代的语境之下，甘肃中医药将为本地域的发展打出"关键三招"。

　　第一招，落脚民生福祉。中医药在临床疗效、治疗方式和预防保健方面，具有其独特的作用。把它及时地、全面地普惠于民，也正是甘肃加大力气办的事。近日，甘肃中医药大学附属兰州眼科中心挂牌。作为西北地区唯一一所具有博士学位授予权的中医药大学，甘肃中医药大学不啻是甘肃中医药发展的"策源地"，它把自身资源"关口前移"，正是落脚在民生福祉的建设上。健康中国，就是要把老百姓的健康福祉实实在在落到实处，而甘肃中医药也跳出了"一亩三分地"的桎梏，把更多的资源渗透进基层，传递到老百姓群体中。这种口惠实至，才是健康中国所要传达出来的核心思想。而因为甘肃中医药予以的更多实践案例，也将把健康中国的理念挺进纵深。

第二招，实现产业突破。甘肃把中医药发展规划推出来，正是看到中医药身上具有资源配置的关键作用，尤其是中高端消费领域，优质的中医药资源更能实现产业突破的窠臼。在这方面，甘肃也不是没有珠玉在前。且看，甘肃陇西培育中医药全产业链——"千年药乡"迈向"中国药都"，就是一例。小小的陇西县，已是把中药材产业做得风生水起，如今已成为西北最大的中药材种植、仓储、加工基地和交易、信息、价格形成中心。陇西也只是管窥甘肃中医药产业突破的一个切入点，中医药产业带来的市场专业化、加工精深化、品牌做大化，就是一条成熟的产业链模式，由此给甘肃发展带来的生动局面，不胜枚举。

第三招，服务"一带一路"。"一带一路"倡议是全球和区域经济社会发展的新机制，具有极高的权重。而"一带一路"对于甘肃而言，又是千载难逢的发展机会。如果说发展需要抓手的话，那中医药产业不啻是给甘肃在丝路"走出去"的金字招牌。近日，第五期乌克兰中医药研修班在兰州开班。来自乌克兰的11位学员将在甘肃进行为期1个月的中医实践和理论学习，包括针灸、推拿、中药制作工艺、中医内科基础等。乌克兰也处在"一带一路"的关键位置，而因为甘肃的中医药结缘的"一带一路"沿线国家，乌克兰又绝非独例。健康中国，更是健康世界。正是因为甘肃中医药所具备的独特魅力和市场，服务"一带一路"并随之走向世界，更在情理之中。

在健康中国的纲举目张之下，甘肃中医药被"轻推一掌"。从更广的领域来看，甘肃中医药产业对接到大行其道的健康服务业之上，能够产生高质量的就业，更能实质性地拉动消费，更符合"绿色中国"的发展思路，这个重要战略性新兴产业，潜力巨大，它对甘肃的支撑作用，更值得我们期待。

奋斗的青春最美丽

马福斌

"现在，青春是用来奋斗的，将来，青春是用来回忆的。"这是习总书记的深情寄语。"在创业中凝结青春梦想，在创新中升华年轻时光。从农家走出的大学生，同样可以返回农村，弄潮逐浪。广阔天地，大有作为。他从待业青年，成长为创业榜样。"这是2017年1月13日"感动甘肃2016十大陇人骄子"颁奖典礼上，组委会为获奖的甘肃青年创业者杨胜强的颁奖辞。

从一名怀揣梦想的待业大学生，到被评为"十大陇人骄子"和"全国农村青年致富带头人"，受到国家领导人和省委、省政府领导的亲切接见；从靠8万元起家搞生态养殖，到年销售额超过2000多万元，为200多名未就业大中专毕业生提供了就业岗位；从起初单纯的几个养殖棚，到全州率先兴建电子商务产业园……杨胜强，用孜孜不倦的奋斗历程，实现着自己的人生价值，也诠释了一名来自农村的大学生创业者的艰辛与努力。

今年31岁的杨胜强生长在甘肃省和政县一个偏僻贫困的小山村。2003年，他从临夏州卫校毕业后一直担任和政县城关镇咀头村的村医，做事认真敬业的他曾连续4年获得全县优秀村医称号。后来，他又到甘肃农业大学继续深造，然而毕业后，他没有选择大城市，也没有报考公务员，而是选择了养育他的小山沟——咀头村。生性要强的他，思想解放，头脑灵活，敢想敢干，心里始终有一个念头，一定要努力改变自己村子的贫困面貌，让乡亲们早日脱贫致富！

机遇总是垂青于有准备的人。他说："2011年3月的一天，跟往常一样我和3名未就业大学生朋友闲谈中，我们的话题突然转到了创业上。当时我们仿佛已经有了一种默契，面对巨大的就业压力，我们已经放弃靠国家'铁饭碗'生存的思想。现在只有通过自己创业才可以看到一缕新的阳光。别人能做为什么我们不能做？别人能成功是因为他们去做了，我们要成功也必须脚踏实地地去做去尝试，哪怕有一天失败了，这也是一段人生经历……"那天，四位年轻人一直讨论到凌晨4点，由此他们下定了抱团创业的决心。

做什么项目好呢？资金从哪里筹措？一系列困难对白手起家的创业者来说好比一座大山压顶。最终他们根据当地民族地区对牛羊肉市场需求量大的实际，决定建设养殖场发展养羊业。

然而，虽说前景诱人，但资金和场地始终是白手起家创业者所面临的最大困难。

他们通过自己筹款，每人筹措了2万元，但这个数额远远不够，无奈的杨胜强去镇里汇报希望能争取到资金补助，他们的创业激情和项目前景打动了城关镇党委和政府领导的心，镇上给他们从砖厂协调赊了20万块红砖。最终，场地和启动资金得到了落实。

2011年5月16日，他们正式动工修建了和政县大学生创业生态养殖园，为了降低成本，四名年轻的大学生和家人当小工，起早贪黑搬砖、拉沙子、和水泥，从未干过这些重体力活的杨胜强为了减少成本整天忙碌在工地，每天早晨七点上工，到晚上八九点收工。为了实现自己的梦想，他擦着汗水，挽着裤腿，拧着铁锨苦干着，脸晒得黝黑，手上磨下了从未有过的茧和水泡。建养殖棚的过程中，为了省钱，他们自己用白土抹墙，没有钱买材料，他们只好四处赊账，最难的时候，只有一个信念支撑着他，那就是"再苦再难也要实现自己的梦想"。10月份，养殖园建成，当年春节，肉羊出栏的时候他们赚到了第一桶金，10万元！

饮水思源，成功之余，杨胜强心里在想"一个人富了不算富，大家富才是真的富"。2012年，他们通过对周边地区市场的考察，确定在村上设立村民养殖合作社，因此，杨胜强挨家挨户上门宣传动员，让勤劳朴实的乡亲们利用自身优势发展畜牧养殖产业，从而让更多未就业大学生和青年与他共同致富。

有几分拼搏就有几分收获，经过不懈的努力。2012年2月，"和政县大学生兴农养殖营销专业合作社"成立了，目前已有210户群众加入到合作社，其中35岁以下的青年37人，大专以上学历的就有11人，入社农民户均增收3800元左右，受到了群众的一致好评。养殖园的创办成功，激励了更多的养殖户发展养殖业致富的信心，同时带动周边兴建养殖场达10余家，而他始终毫不保留地为更多的养殖户提供免费的咨询和技术服务，并且为合作社注册了自主品牌"和政羊"。

2013年5月，杨胜强带领他的团队利用本村1000亩果林地发展林下珍禽驯养，饲养七彩山鸡、贵妃鸡、精品草鸡6000只，并注册"嘴头馋"品牌，延伸了屠宰包装，当年盈利17万元，现产品通过电子商务已销往广东、上海、香港等地。2015年，公司又筹资260万元扩建标准化羊舍4栋1200平方米，其中种羊舍3栋900平方米，产床300平方米，饲料加工间1000平方米，引进种羊300只。投资300万元建成了临夏州首个电子商务产业园——和政县慧聚电子商务产业园，这个项目的实施，为农村青年及未就业大学生提供了200个就业岗位，为临夏州的传统企业转型电商搭建了线上平台，也为未就业大学生及农村青年提供了电商创业的机会，带动了全州电子商务的进一步发展壮大。

将近6年多时间里，杨胜强和他的公司重点打造自主的"和政羊"和"嘴头馋"两大品牌。公司先后被甘肃省农科院授予"畜草与绿色农业科研示范基地"、省农牧厅授予"省级良种羊繁育场"、临夏州畜牧局授予州级"肉羊标准化示范场"、团县委授予"和政县青年创业培训基地"、县扶贫办授予"和政县扶贫实训基地"、县工商局授予"守合同、重信用"企业，临夏州工商局授予"2014年度诚信企业"。公司负责人杨胜强先后获得全国农村致富带头人、全国第八届创业奖候选人等荣誉称号，并选为团中央候补委员，多次受到党和国家领导人和省委、省政府领导的亲切接见。2017年，杨胜强被选为团省委兼职副书记。

在杨胜强看来，财富取之于社会，就要用之于社会。近年来，杨胜强积极服务农村青年，帮助未就业大学生再就业，为农村剩余劳动力提供就业岗位。平时，他关心村上五保户、老党员、村校代课教师的生活，节日里给他们送去暖暖的问候。为学生筹措资金，捐助学习用品和生活用品，还多次为村上的小学争取项目资金改善办学条件……

"梅花香自苦寒来"，在"大众创业，万众创新"成为新常态的今天，杨胜强和他的"创业"团队凭着顽强的拼搏精神和坚忍不拔的毅力，一步一个脚印，脚踏实地，用青春和汗水谱写着美丽的青春篇章。

用文化推动幸福美好新甘肃快速发展

陇 平

习近平总书记在党的十九大报告中提出，要坚定文化自信，推动社会主义文化繁荣兴盛。他说，没有高度的文化自信，没有文化的繁荣兴盛，就没有中华民族的伟大复兴。要坚持中国特色社会主义文化发展道路，激发全民族文化创新创造活力，建设社会主义文化强国。

在进入新时代的今天，我们国家对文化的重视，到了一个前所未有的高度。这是大国自信的源泉，也是社会发展的必然。

文化对于国家的强盛至关重要，文化对于一省的发展也至关重要。尤其是对于甘肃这样一个有着深厚文化底蕴但经济相对落后的西部省份来说，借由文化的发展来助力经济社会的全面发展，更是具有重要的意义。

中华民族的人文始祖伏羲、女娲和黄帝诞生于此，西王母降凡于兹，周人崛起于此，秦人肇基于兹——有"河岳根源、羲轩桑梓"之誉的甘肃，历史跨越八千余年，是中华民族和华夏文明的重要发祥地之一。

这里也是海洋时代来临之前，中原与西域乃至西方经贸往来的必经之地，文化交流频繁之所。著名的丝绸之路在这里打了个结，留下了灿烂无比的丝路文化因子，影响至今。

传统文化氛围的浓厚和古老，却并不意味着保守和守旧。因为，在这古老的文化传统之中，始终带有开放与创新的基因。

作为自古即自然形成的东西方文化交汇之地，交汇意味着沟通与交流，交流则意味着融合与变革。那些变革的痕迹，我们可以从敦煌莫高窟的壁画与雕像中看到，也可以从自西向东一系列的文化遗存中看到，更可以在古往今来甚至一直保存至今的风俗习惯与人文图景中看到。而且，它们展现给世人的，不再是古老的原貌，而是因世事变迁后改变的、全新的、与时俱进的新面貌。

从文化的角度来看甘肃，完全可以用"得天独厚"来形容。而文化本身就是一种生产力，既可以激发全社会干事创业的激情，又可以以其自身的魅力拉动文化旅游等产业的发展，创新实实在在的经济效益，继而为脱贫攻坚，为一地经济社会的全面发展提供实实在在的助力。

近些年，自助游、个性化旅游日渐兴起，喜欢自助和个性化的游客，也对旅游中的文化因素产生了深厚的兴趣。相比中东部渐有千篇一律之感的人文景观而言，身处西部的甘肃独特的自然人文景观和深厚的传统文化底蕴，都使其越来越显现出强劲的吸引力。加之交通基础设施的迅速改善，未来，文化因素在提升甘肃经济社会各方面发展所起的作用，必然会越来越大。

实际上，近些年，甘肃在提升文化影响力上已经做了大量工作。比如，《甘肃省"十三五"文化产业发展规划》中，就将"深入实施集聚发展、创新发展和'文化+'战略，着力提升文化要素聚集力、文化企业竞争力和文化产品供给力，推动文化产业规模化、专业化、集约化发展"作为发展的目标。已经连续举办了两届的丝绸之路（敦煌）国际文化博览会，也越来越显示出其影响力和文化的辐射力。

有坚守，有创新，用新的形式讲述古老的故事，不断赋予传统文化以新时代的因子，将传统在现代生活中发挥光大，让甘肃特色文化产生持续的吸引力和影响力，甘肃已经做了很多，未来也应该做得更多。

网媒打call新时代，一起听一线的鲜活声音

邵江梅

新时代吹响奋进新号角，夺取新时代中国特色社会主义伟大胜利离不开全国各族人民的共同奋斗和不懈努力。

如果说，未来的征程是星辰大海，记者就是船头的瞭望者，记录着时代前进的每一段航程、每一个印记。打call新时代，是媒体义不容辞的责任！

连日来，由甘肃省委网信办组织牵头成立的"新时代新气象新作为——全省学习贯彻十九大精神网络媒体大型主题宣传活动"网媒报道小组，深入到社区、学校、企业、农村等基层一线，用笔和镜头以及精心制作的融媒体产品为新甘肃打call。

在第18个记者节到来之际，习近平总书记对广大新闻工作者提出了殷切希望，甘肃新闻工作者们备受鼓舞，为之振奋。在这次宣传活动中，更是化鼓舞为动力，讲好中国故事，传播中国声音，唱响奋进凯歌，用一篇篇鲜活的报道引领广大群众把思想和行动迅速统一到十九大精神上来，把力量汇聚到各项事业的推进和发展上来。

打call新时代，不是唱反调冒杂音，抛一些与时代发展格格不入的观点，而是要传播正能量，发出时代真声音好声音。甘肃网媒记者们以习近平总书记视察甘肃时亲自谋划推动的重大战略专题、部署的重大任

务、考察调研过的地方、最牵挂的事、最关心的人为主线，结合甘肃进入新时代全面落实"八个着力"的新思路新实践，采写聚焦时代发展、反映时代巨变的主旋律报道。脱贫攻坚、现代农业、扶贫开发、科技创新、社会管理……这些都是媒体团记者系在心间的关键词。

打call新时代，不是声嘶力竭干吼一通，正所谓有理不在声高，关键要用身边的人身边的事，增强人们对新时代的认同感，激发人们干事创业的热情。甘肃网媒记者把笔和镜头聚焦基层，围绕身边人说身边事采写了《"我家已脱贫！"听听清水县村民的幸福最强音》《天水市白沙镇马沟村："小果园"撑起脱贫致富"大梦想"》《清水县张杨村：一位81岁老党员的幸福故事》等一批鲜活报道，这些报道见人见事，在群众中引起了强烈共鸣。

打call新时代，不是只管我说我的，而不管他人听不听、听得好不好、听不听得到，在保证声音"悦耳动听"的同时，还要保证传播的速度和效果。甘肃网媒高度重视传播手段的建设和创新，突出聚合全省各形态传播平台形成宣传合力，突出策划制作音视频、H5、VR、图解、数据新闻、无人机航拍等多形式移动端传播精品。传播方式的创新，大大增强了主题宣传活动的效果。

全面准确深入地宣传、解读党的十九大精神，让党的十九大精神入村入户、扎根基层。

充分反映省委、省政府学习贯彻落实党的十九大精神的新思路新举措。

充分反映各地各部门学习贯彻落实党的十九大精神的具体举措和实际行动，各地基层干部群众良好精神风貌和创造出的典型经验。

…………

带着这些任务，甘肃网媒记者脚沾泥土，深入宣传十九大精神，深度采访报道，精心制作产品，为新时代唱响奋进凯歌。

网媒打call新时代，甘肃开了个好头。

合作社里的精准宣讲

张登华

　　深秋时节，寒意阵阵。甘肃定西市陇西县福星镇尚高峰养殖农民专业合作社里却暖意融融。116头西门达尔牛正在牛舍里悠闲地吃着主人尚高峰刚添加的草料。

　　尚高峰是合作社的负责人，他的另一个身份是福星村党支部书记。据了解，尚高峰从开始养殖3头牛发展到如今的116头，还组建了养殖农民专业合作社，今年他的合作社陆续出栏肉牛300余头。在他的带动下，周边很多农户也自愿加入到他的合作社发展肉牛养殖。

　　正是看准尚高峰长期扎根农村，党员引领作用发挥明显，带领群众脱贫致富成效显著，负责联系福星镇的陇西县宣讲干部李艳萍、吴忠仁决定将党的十九大精神宣讲的第一课，安排在尚高峰养殖农民专业合作社里，宣讲对象就是这位村党支部书记、合作社负责人。

　　"党的十九大明确提出要坚决打赢脱贫攻坚战，确保到2020年现行标准下农村人口实现脱贫，提出要实施乡村振兴战略，产业兴旺也是坚持农业农村优先发展的总要求之一，合作社发展到现在，还需要在扩大规模、科技养殖、生态养殖、标准化养殖、合作带动等方面再下功夫……"李艳萍首先向尚高峰讲起了党的十九大精神。

　　3处牛舍、1处青储池、1处饲料库，已将合作社不大的地方占了近

3/4，合作社大门口还有未能及时处理的粪堆，显然合作社的发展已经受到了场地等方面因素的限制，无法再扩大规模了。

"党的十九大明确提出，保持土地承包关系稳定并长久不变，第二轮土地承包到期后再延长30年。在场地上，合作社可以放心流转周边农户土地……"吴忠仁接着说。

"这真是个好消息，再延长30年，有了这颗'定心丸'，我就可以继续扩大养殖规模了。"尚高峰高兴地说。

就这样，一场合作社里的精准宣讲在你一言我一语中进行着。

对于合作社门口的粪堆，尚高峰说要建两个沼气池，环保清洁要符合党的十九大提出的推进绿色发展、建设美丽中国的要求。

宣讲结束时，尚高峰的脑海里多出了一张计划表，那就是他将继续扩大合作社养殖规模，提高科学养殖能力，积极发挥党支部书记的"领头雁"作用，带动更多的贫困农户发展肉牛养殖，不断提高贫困农户的脱贫致富能力。